Johannes Jacobus van Oosterzee

Zum Kampf und Frieden

Johannes Jacobus van Oosterzee

Zum Kampf und Frieden

ISBN/EAN: 9783743326545

Hergestellt in Europa, USA, Kanada, Australien, Japan

Cover: Foto ©Thomas Meinert / pixelio.de

Manufactured and distributed by brebook publishing software
(www.brebook.com)

Johannes Jacobus van Oosterzee

Zum Kampf und Frieden

Vier akademische Vorträge

und

fünfzig Aphorismen

von

Dr. J. J. van Oosterzee,

Prof. der Theologie zu Utrecht.

~~~~~~

Ein Beitrag

zur Charakteristik der gegenwärtigen Bewegungen auf theologischem
und kirchlichem Gebiete,

übersetzt und herausgegeben

von

F. Meyeringh.

————◆————

Gotha.

Friedrich Andreas Perthes.

1868

Vorwort.

1. Wie muß der moderne Naturalismus bekämpft werden?
2. Sollen wir noch Theologie studiren oder nicht?
3. Welche Theologie ist im Stande, die Stürme dieser Zeit zu bestehen?
4. Von welchen Theologen ist etwas Gutes für die Zukunft der Kirche zu erwarten? —

So lauten die Themata zu den vier Vorträgen, womit Herr Professor Dr. van Oosterzee seine theologischen Vorlesungen an der Universität zu Utrecht zum Beginn eines neuen Universitätsjahres im September 1863, 1865, 1866 und 1867 eröffnet hat.

Die Vorträge wurden alsbald, nachdem sie ge=
halten waren, auf den Wunsch vieler Zuhörer, jedes=
mal einzeln gedruckt. Daß dieselben indeß in einem
innern fortschreitenden Zusammenhange stehen, ver=
rathen schon die Themata als solche. Auch sind
dieselben, mit solcher prinzipieller Tragweite und all=
gemeiner Anwendbarkeit beantwortet, daß sie aufs
tiefste in die brennenden Fragen eingreifen, welche die
gegenwärtigen Kämpfe auf dem Gebiete der theo=
logischen Wissenschaft und des kirchlichen Lebens nicht
blos in Holland, sondern in allen evangelischen Ländern
und Landeskirchen charakterisiren.

Darum schien es mir gerechtfertigt, dieselben unter
ausdrücklicher Approbation des Verfassers hier zuerst
als ein Ganzes in deutscher Übersetzung darzubieten,
und zwar zunächst den Studirenden der evangelischen
Theologie, welchen darin für die Aufgabe ihres
wissenschaftlichen Studiums und ihres künftigen prak=
tischen Lebensberufes so vieles gerade in der Gegen=
wart Beherzigenswerthe gesagt worden ist, sodann

aber auch den Theologen überhaupt vom einfachen Landpastor bis zum akademischen Professor.

In den angehängten „fünfzig Aphorismen über Reformation und Revolution" erscheinen manche Gedanken, die in jenen Vorträgen entwickelt sind, theils in präciserer Form wieder, theils finden sie hier in einem weiteren Zusammenhang ihre schärfere Anwendung und Ergänzung für die Aufgaben, welche der Theologie und Kirche in unserer Zeit gestellt sind.

„Zum Kampfe" aber rufen diese Aufgaben zunächst in unseren so ernsten und bewegten Tagen, zum Kampfe für die heiligsten Lebensfragen der Menschheit, der Christenheit, der evangelischen Kirche. Und weil es sich dabei um eigentliche Lebensfragen handelt, wogegen die besonderen Interessen der einzelnen Confessionen, Landeskirchen und der in den Hauptfragen des Evangeliums nicht dissentirenden Parteien von untergeordneter Bedeutung erscheinen, so werden dieselben auch „zum Frieden" unter einander gerufen, auf daß sie in Einigkeit des Geistes wider die gemeinſamen Feinde für die gemeinſamen Glaubensgüter kämpfend nach dem Frieden trachten, den das unruhige Menſchenherz, den unſer unruhiges Jahrhundert bedarf, nach dem Frieden durch die Verſöhnung zwiſchen Gott und den Menſchen in Chriſto Jeſu.

Berlin, im Mai 1868.

F. Meyeringh.

Inhalt.

———

Vier akademiſche Vorträge.

I.

Wie muß der moderne Naturalismus bekämpft werden?

September 1863.

Seien Sie mir willkommen, herzlich willkommen, meine Herren, an dieser Stätte, die Einige von Ihnen zum ersten Male, Andere auf's neue betreten, willkommen nach beendigten Sommerferien, die Sie hoffentlich erquickt und zur neuen Aufgabe gestärkt haben. Mit dankbarer Freude in Gott sehe ich Sie aus Ihrer Heimath in die Arme unserer Alma mater zurückgekehrt; mit innigem Wohlgefallen ruht mein Blick auf einer Schaar von Jünglingen, die sich zum Dienst des Evangeliums vorbereiten und dabei auch mir als Führer folgen wollen.

Freunde und Bekannte können sich nach einigen Wochen oder Monaten nicht wiedersehen, ohne gar bald von dem Wichtigsten zu reden, das seit ihrer Trennung geschah. Wenn inzwischen eine Person aufgetreten, ein Buch erschienen, eine Thatsache geschehen ist, die Vieler Aufmerksamkeit erregte, so wird das nach wenigen Augenblicken zwischen ihnen zur Besprechung kommen. Sollte es Sie aber nicht billig befremden, wenn ich bei unserm ersten Zusammentreffen von einer Schrift schweigen könnte, die in den letztverflossenen Wochen die ganze christliche Kirche, ja die literarische Welt überall in seltsame Bewegung gebracht und, wenigstens nach dem Absatz zu urtheilen, um ein gewöhn-

1 *

liches Wort zu gebrauchen -- furore gemacht hat? Das
Leben Jesu von Ernst Renan — fürwahr, wenn hier blos
von Schriften gesprochen werden dürfte, die eine hohe
wissenschaftliche Bedeutung, einen dauernden Werth besitzen,
so würde ich mich vielleicht zweimal bedenken, ehe ich auf
dieses Tagesprodukt ausdrücklich Ihre Aufmerksamkeit richtete.
Oder meinen Sie vielleicht, daß jene Schrift kaum eine
ausdrückliche Widerlegung *) verdiente, weil sie im Auge
jedes Unpartheiischen sich selbst verurtheile und bald —
wir leben ja gegenwärtig so schnell — das Loos anderer
literarischer Produkte theilen werde, die das eine Jahr von
einer unersättlichen Menge verschlungen werden, im andern zum Werth von Makulaturpapier herabgesunken sind?
Doch wenn auch ich für meine Person Gründe genug zu
haben meinte, diese Erwartung zu theilen, so gäbe mir
das noch keine Freiheit, von dem Buche, so lange oder
kurze Zeit es bestehen mag, gänzlich zu schweigen. Sehen
wir auch für den Augenblick von der glänzenden Form
ab, wodurch es Tausende von oberflächlichen Lesern mit
fortreißt, — das Buch Renan's ist die Offenbarung einer
Richtung, die in ihm bis dahin ihren begabtesten und einflußreichsten Vertreter fand. Ich meine den modernen Naturalismus, dessen Christologie, so zu sagen, in diesem
L e b e n J e s u niedergelegt ist, und deren Resultate man
nach meiner innigsten Überzeugung nicht gutheißen kann,
ohne mit dem apostolischen Christenthum gänzlich gebrochen

---

*) Eine solche Widerlegung war einige Monate zuvor in der
Schrift v. O o s t e r z e e' s erschienen: „Geschichte oder Roman?
Vorläufige Beleuchtung des Lebens Jesu von E. Rénan", in
einer Übersetzung zu Hamburg, Agentur des Rauhen Hauses.
1864.   Anm. des Übersetzers J. Meyeringh.

zu haben. Wundert es Sie unter diesen Umständen, daß die Frage in ungewöhnlichem Maaße mein Interesse erregte: Wie muß der moderne Naturalismus bekämpft werden?

Wenn ich dieselbe in dieser Stunde mit Ihnen zu besprechen wünsche, so thue ich es, ohne mich auf das Gebiet persönlicher Polemik zu begeben, mit möglichster Objectivität, so kurz, klar, ruhig ich's vermag, und erbitte mir dazu Ihre freundliche Aufmerksamkeit.

Moderner Naturalismus — schon das bloße Aussprechen dieser Benennung wird, im Allgemeinen wenigstens, die Vorstellung einer sehr bestimmten Sache in uns erwecken. Mag Herder zu seiner Zeit nicht ohne Grund über das Unbestimmte dieser und ähnlicher Benennungen geklagt haben, und vielleicht auch dieser und jener wohl mit dem Namen eines Naturalisten gebrandmarkt sein, der ihn nicht oder kaum verdiente, so ist doch im Ganzen die Physiognomie des Naturalismus gleichmäßig und erkennbar genug. Von selbst denken wir bei diesem Wort an eine Richtung, die nicht gleichgültig, sondern feindlich gegen den christlichen Offenbarungsglauben sich verhält, eine Richtung, die im 17. und 18. Jahrhundert in England und Frankreich gepriesen, rasch auch nach Deutschland und Holland ihren Weg fand und in unserer Zeit, von einer eigenthümlichen Entwickelung der Philosophie begünstigt, sich mit neuer Kraft geltend gemacht hat. Unsere Aufgabe gestattet es hier nicht, die verschiedenen Formen dieses Naturalismus, noch die zahlreichen Ursachen seiner weiten Verbreitung eingehend zu besprechen. Es möge die Bemerkung

genügen, daß der Begriff Naturalismus sofort in deut-
lichen Umrissen sich uns darstellt, wenn er in seinem Verhältniß zum Supranaturalismus oder zum Übernatürlichen
betrachtet wird. Während der Vertreter des letzteren einen
persönlichen lebendigen Gott anerkennt, als selbstbewußten
und freiwirkenden Schöpfer von Allem, der sich auf außer-
gewöhnliche Weise offenbaren kann und wirklich geoffen-
baret hat in Christo, erklärt dagegen der Naturalist diesem
Gottes- und Offenbarungsglauben einen unversöhnlichen
Krieg. Der Naturalismus leugnet, um mit Hase zu reden*),
eine übersinnliche Ursache der Dinge, und will also die Erscheinungen der Natur — gleichviel in welchem Sinne das
letzte Wort aufgefaßt wird — aus endlichen, ihr selber
innewohnenden Kräften erklären. Er hat, wie auch seine
Vertreter selbst zugeben, im Grunde der Sache blos Ein
Gefäß, die Natur, worin Alles eine Stelle muß finden
können, wenn auch nicht ohne Mühe oder Zwang. Darum
dürfen wir ihn jedoch noch keinesweges mit dem Materialismus verwirren, welcher kein selbstständiges Bestehen des Geistes anerkennt und behauptet, daß Alles,
was so heißt, schier als Bewegung und Produkt des stoff-
lichen Organismus angesehen werden muß. Der Naturalismus steht höher, insofern er Stoff und Geist unterscheidet,
obgleich in seinem System, wenigstens bei consequenter
Entwickelung, für einen persönlichen Gott außer und über
der Welt durchaus keine Stelle zu finden ist. Der Naturalist versteht unter Gott die Summe aller Naturkräfte,
oder die eigentliche Lebenskraft selbst, und wird nicht leicht
zugeben, daß der Wille Gottes von dem Gesetz der Natur

---

*) Hutter. Rediv. (10. Aufl.), p. 75.

zu unterscheiden ist. Unrichtig war es daher, was im vorigen Jahrhundert nicht selten geschah, Naturalisten und Deisten in einem Athem zu nennen*), denn die letzten erkennen noch an, wie wenigstens der Name im gewöhnlichen Sinne gebräuchlich ist, was die ersten verwerfen. Noch unrichtiger, Naturalisten und Rationalisten für dieselben zu halten; die letzten halten die Anerkennung eines persönlichen Gottes, ja einer außergewöhnlichen Offenbarung aufrecht, nur daß sie dem höchsten Richterstuhl der Vernunft unterworfen sei; die ersten begnügten sich höchstens mit einer sogenannten natürlichen Religion**). Eher könnte man noch eine gewisse Übereinstimmung zwischen Naturalismus und Pantheismus behaupten, in so fern beide die bestimmte Unterscheidung zwischen Gott und der Welt aufheben, welche der christlich-theistische Standpunkt geltend macht. Die Aufhebung dieses Unterschiedes ist wenigstens dem Naturalismus früherer und

---

*) Fider (Geschichte des Rationalismus [1847]) setzt englischen Naturalismus und französischen Deismus auf Eine Linie und nennt später den Deismus einen ernsten Naturalismus, S. 67—80; vgl. auch Hagenbach, Dogmengeschichte, S. 238.
**) Vgl. Krug, Philos. Lexic. IV, p. 86, und Donker Curtius in den Werken der Haager Gesellschaft (1827), S. 37 zc. Nach v. Senden (Vertheid. von Bibel und Offenbarung I, S. 438) hat inzwischen Röhr in seinen Briefen über den Rationalismus constatirt, daß er von dem Naturalismus in nichts als dem bloßen Namen sich unterscheide. Auf das Ungenügende der veralteten, lediglich subjektiven Bezeichnung der Naturalisten als Freidenker braucht wohl kaum aufmerksam gemacht zu werden, da man in mancher Hinsicht sehr freie Ansichten haben kann, ohne mit den eigentlichen Naturalisten darum irgend welche Gemeinschaft zu haben.

fpäterer Tage eigen und in fo weit könnte es fdheinen,
daß es ziemlich überflüffig wäre, von modernem Naturalismus im Gegenfaß zu einem früheren, aber jeßt veralteten zu reden. Achten wir indeß darauf, daß der Naturalismus, fo wie er in unferer Zeit entwidelt ift, feine
eigene Farbe und Spradweife hat und aud gegenüber der
heiligen Urkunde der biblifchen Offenbarung nicht ganz die-
felbe Haltung inne hält, wie der eines früheren Jahrhunderts, fo wird die Unterfcheidung wenigftens bis auf ein
gewiffes Maaß gerechtfertigt. Überdies brauct derjenige,
welcher die neuere Erfcheinungsform einer Richtung beftimmt
ins Auge faßt, damit durchaus nod nicht zu leugnen,
daß fie wie zwei Waffertropfen früheren Formen gleicht.
Daß ein fehr moderner Naturalismus befteht, wird gewiß
Niemand verkennen, obgleich es nicht fo leicht fein mag,
fein eigenthümliches Criterium nachzuweifen. Er will im
Allgemeinen religiös und fromm fein, dod eben fo wenig
auf beiftifce als auf pantheiftifce Weife; das Göttliche ift fein höchftes Jdeal, aber außer der Menfchheit ift
diefes Göttliche nichts als eine bloße Abftraction. Der
moderne Naturalismus hat feine transcendente Menfchheit,
fo zu fagen feinen transcendenten Gott, m. a. W. eine
Menfchheit, die fich in der Perfon ihrer vorzüglichften Re-
präfentanten möglichft hoch zu einem reinen Gottesbegriff
erhebt, aber kein göttliches Jch, das frei und felbftbewußt
zum Gefchöpf fich herabläßt. Bei folcher Lage der Sache
hat ein gefeierter franzöfifcher Theologe gewiß kein Unrecht,
von einem humanitaire Athéisme zu reden, es fei denn,
daß man lieber den Namen moderner Ethnicismus vorzöge!*)

---

*) Edm. de Pressensé, L'école critique et J. Chr.

So wird es denn wohl kaum nöthig sein, noch aus-
brücklich bei einer anderen vorbereitenden Frage zu ver-
weilen: **muß wirklich der moderne Naturalismus
bekämpft werden?** O könnte ich, meine Herren, doch
auf diese Frage eine verneinende Antwort geben! Ist es
denn nicht oft schmerzlich, gegen Männer aufzutreten, deren
Talent man bewundert, deren Herz man nicht verdächtigt,
in deren Charakter nicht wenig ist, wozu man sich unwillkührlich hingezogen fühlt? Ist es denn so angenehm,
immer wieder protestiren zu müssen, anstatt einmal von
Herzen sympathisiren, genießen, bewundern zu können?
Aber es giebt Zeiten und Umstände, wo man nicht anders
als mit dem großen Apostel bezeugen darf: die Nothwendigkeit ist mir auferlegt. Nach unserer innigsten Überzeugung handelt es sich hier um nichts geringeres, als
um ein Lebensprincip, und zwar nicht für diese oder jene
theologische Richtung oder für eine specielle Kirchengenossen-
schaft, sondern für das Christenthum selbst, ja für alle
Religion, mag sie nun auf dem Glauben an eine beson-
bere Offenbarung gegründet sein oder nicht. Alle Religion
setzt nicht blos das Übernatürliche voraus, sondern fordert

(Paris 1863), p. 34, und besonders die dort citirten Worte von
Rénan bei Beurtheilung der Metaphysik von Vacherot. Enthalten
diese das letzte Wort Rénan's, so sehen wir kaum einen Unter=
schied zwischen einer solchen Denkweise und einem laut erklärten
Atheismus. Mit vollem Rechte sagt H. Lasserre in seiner
Schrift L'évangile selon Rénan (4me. édit.), p. 32: „Tout est
incertain en cet homme, l'incertitude est à la fois son tem-
pérament et son système. Qui sait, dit-il dans un de ses
livres, si la finesse de l'esprit ne consiste pas à ne pas
conclure?"

es als Bedingung und Grundlage ihrer ganzen Existenz,
und unmöglich kann weiter von persönlicher Gemeinschaft
mit Gott die Rede sein, wenn wir bei diesem Worte an
nichts mehr denken müssen, als was uns in Rénan's
Schule übrig bleibt. Naturnothwendigkeit, von blinden
Kräften beherrscht! was wird auf diesem Standpunkt aus
der Lehre der Schöpfung, der Vorsehung, der Erlösung?
Was bleibt von der Forderung der Sittlichkeit, dem Trost
des Gebetes, der Hoffnung des ewigen Lebens? Doch,
ich will nicht wiederholen, was in Bezug hierauf wiederholt geltend gemacht ist.*) Nur kann ich, was speciell
das Christenthum angeht, mir nicht den Genuß versagen,
eine schöne Stelle aus einer literarischen Studie Vinets
anzuführen**): „Wir hoffen, daß man in uns keine Re=
präsentanten einer lichtscheuen Orthodoxie sehen wird, wenn
wir sagen, daß die Autorität des Christenthums durch nichts
mehr geschwächt und benachtheiligt wird, als wenn man
es blos für ein Glied in der Kette hält, die es so zu sagen
gebrochen hat. Daß die Vorsehung zuvor im Morgenlande
ein Bett für diesen himmlischen Strom gegraben hat, das
kann auch der ängstlichste aller Gläubigen ohne Widerspruch
zugeben, doch ist es von wesentlichem Belang, die Quelle
nicht zu übersehen, woraus der Strom entsprungen ist.
Keine blos natürliche Entwickelung, gleichviel heidnische oder
jüdische, kann ausreichende Gründe für das Bestehen des
Christenthums geben. Wie weit auch das Alterthum auf
dem Gebiet des Denkens fortgeschritten war, so besteht
allezeit eine unabsehbare Kluft zwischen ihm und dem Haupt-

---

*) Vgl. z. B. E. Na ville, La vie éternelle (2. Ed.), p. 181 sq.
**) Etud. Litter. III, p. 624.

gedanken des Christenthums, und das Unendliche allein kann das Unendliche ausfüllen. Es ist aus mit dem Christenthum in der Welt, sobald man in die Überzeugung von dem Gegentheil einstimmen soll, und diese übernatürliche Thatsache in eine der Abtheilungen der Philosophie der Geschichte einschieben will. Was uns betrifft, so ziehen wir in Bezug auf die christliche Religion die höhnendste Bekämpfung einer Bewunderung vor, die in solchen Grenzen eingeschlossen ist. Das Christenthum ist nichts, wenn es nicht, wie Melchisedek, ohne Vater oder Mutter hienieden, ohne Geschlechtsregister ist."

So ist denn der Streit nicht zu vermeiden. Wie muß er und zwar vor Allem von uns christlichen Theologen geführt werden? Diese letzte Einschränkung bleibt nicht überflüssig bei der Hinweisung darauf, daß wir Theologen mit, ja, und an erster Stelle, aber keineswegs ausschließlich zu diesem Streit berufen sind. Wie ja der moderne Naturalismus seine Stimme nicht blos auf dem Gebiete der Religion, sondern auch auf dem der Philosophie erhebt, so scheint uns letztere mitberufen, die ihrige in der großen Streitfrage geltend zu machen. Oder sollte nicht früher oder später ein Philosoph auftreten, der auf dem Wege fortgesetzten Nachdenkens zu Schlußfolgerungen kommt, die den Grundanschauungen des Naturalismus unversöhnlich widerstreiten? Daß wenigstens noch eine andere Philosophie möglich ist, als die zur Leugnung eines persönlichen Gottes und einer besonderen Offenbarung führt, ist nach meiner Meinung unzweifelhaft. Doch kann ich darauf hier nur so beiläufig hindeuten. Wie innig auch Philosophie und Religion verbunden sind, hier halte ich eine Unterscheidung für nothwendig und präcisire auf diesem

Grunde unsere Frage: wie muß der moderne Naturalismus von uns evangelischen Theologen bekämpft werden? **Wie** — ich gebrauche das Wort im weitesten Sinne und meine: **von welchem Standpunkt, auf welchem Wege, durch welche Waffen, in welchem Geiste, mit welchen Bundesgenossen?**

1. **Von welchem Standpunkte** müssen wir den modernen Naturalismus bekämpfen? Beim ersten Hören könnte diese Frage ganz überflüssig scheinen und keine andere Antwort dulden als diese: auf **jedem** Standpunkte kann und darf und muß man einer Richtung widerstehen, gegen welche man billige Bedenken erheben zu können glaubt. Und gewiß kann dieses Recht im Allgemeinen Niemandem bestritten werden. Verstehen wir indeß die Frage in dem Sinne, auf welchem Standpunkte muß man stehen, um den modernen Naturalismus mit **völligem Rechte** und **gewünschtem Erfolge** bestreiten zu dürfen und zu können, so leuchtet es von selbst ein, daß man dazu wirklich einen **andern** Standpunkt als der Gegner einnehmen und von ihm nicht blos in Nüance, sondern im Princip sich unterscheiden muß. Aber hast du ein Recht, Andern zu widersprechen, mit welchen du im Grunde der Sache von denselben Grundsätzen ausgehst und denselben Weg der Untersuchung verfolgst? Kann z. B. das zu Recht Bestehen der spekulativen Philosophie von spekulativen Philosophen bestritten werden, und hat der Vertreter des Autoritätsprincips wohl Grund, sich einem andern Autoritätsmann geradezu gegenüber zu stellen, blos weil dieser nach seiner Meinung die Sache vielleicht übertreibt? In solchem

Falle möge man gegen Jemandes Resultate Bedenken haben,
aber seinen Grundsätzen kann man schwerlich etwas an-
haben; ein nach unserer Ansicht verkehrtes Princip wird
blos durch ein anderes und besseres besiegt. So einfach
diese Regel ist, so oft scheint sie vergessen zu werden. Da
hört man jetzt z. B. gegen Rénan Bedenken erheben, denen
man an sich nicht widersprechen kann, bei welchen man
aber doch die Frage der Verwunderung nicht unterdrücken
kann: ist dieser Mann zu einem so absprechenden Urtheil
berechtigt? Weiß man doch, daß er im Allgemeinen von
denselben Grundanschauungen ausging, wie der Autor, über
den er zu unserem Befremden den Stab bricht; und nun
ist's ja begreiflich, daß Jemand vor den Consequenzen seines
eigenen Systems zurückschrickt, daß man mit Unwillen auf
eine üppige Wasserlode des Baumes sieht, den man selbst
gepflanzt oder begossen hat, daß man selbst ernstlich beunruhigt sein kann über den Unvorsichtigen, der etwas gar
zu früh aus der Schule schwatzt und das letzte Wort
einer Richtung verräth, ehe das Publikum hinreichend bearbeitet ist, um es ohne Schrecken oder Ärgerniß anhören
zu können. Bei fortgesetztem Nachdenken wird man indeß
einsehen, daß Widerspruch von dieser Seite im besten Falle
mehr für die Gemüthlichkeit, oder doch für die Politik, als
für die vollkommene Consequenz ihrer Dolmetscher beweiset,
und zugleich erkennen, daß, um sich mit Recht so laut
über diesen oder jenen zu beklagen, man auch in der That
etwas Anderes wollen und prinzipiell wenigstens etwas
Besseres haben muß als er. Es kann darum nicht Wunder
nehmen, wenn wir es nochmals als Überzeugung bekennen:
Der moderne Naturalismus kann blos von
einem christlich-philosophischen Offenbarungs-

glauben, von einer kräftigen, geistvollen Entwickelung des modernen Supranaturalismus
besiegt werden. Wer auf diesem Standpunkt steht,
der kann und darf ja nicht blos, sondern muß nach seiner
innigsten Überzeugung den Naturalismus bekämpfen. Moderner Supranaturalismus, wiederhole ich, und meine
damit eben so wenig etwas Unbedeutendes als etwas Über-
flüssiges zu bezeichnen. Der alte Supranaturalismus, so
wie er besonders zu Ende des letzten und zu Anfang dieses
Jahrhunderts entwickelt wurde, betrachtete in der Regel,
wie auch der Rationalismus, das Christenthum mit Vorliebe als Lehre; der neuere dagegen stellt die Person des
Herrn in den Vordergrund. Der erstere stand auf deisti-
schem, der andere wünscht auf dem theistischen Boden zu
stehen und den Gedanken der göttlichen Immanenz so
kräftig als möglich anzuwenden. Der erste ging von einer
vielfach gemäßigten, aber doch im Grunde mechanischen
Auffassung der Inspiration der Schrift aus, der andere
erkennt freilich in der Schrift ein organisches Ganzes, hat
aber zugleich ein offenes Auge für die menschliche Seite
der Bibel neben der göttlichen. Dort wird die besondere
Offenbarung oft der allgemeinen schnurstracks gegenüber
gestellt, hier wird sie so viel als möglich in ihrem innigen
Zusammenhang mit der letzteren aufgefaßt. Dort blieb
das Göttliche über- und außermenschlich, hier wird es als
die vollkommene Befriedigung der tiefsten menschlichen Bedürfnisse aufgefaßt. Dort war das Wunder ein blos
äußeres Kennzeichen, hier ist es ein wesentlicher, in gewisser
Hinsicht natürlicher Bestandtheil der Offenbarung in Christo.
Dort wird auf klare Begriffe des Verstandes, hier auf
innerliche Richtung von Herz und Leben der höchste Werth

gelegt; dort „ist als krankhafter Mysticismus verdächtigt, was hier hingegen als das tiefste Geheimniß des Glaubenslebens geschätzt wird. Wir könnten diese Gegensätze in großer Zahl vervielfältigen, doch genügt es, um allen Zweifel an der Anwendbarkeit des Prädikats „modern" bei dem Worte Supranaturalismus zu beseitigen. Es ist hier in der That Ernst mit dem Bestreben, die Klippen zu vermeiden, an welchen nach unserer Auffassung eine frühere Form des christlichen Offenbarungsglaubens nicht selten gestrandet ist. Unsere Berechtigung zu allen hier angedeuteten Auffassungen kann, das ist klar, an dieser Stelle nicht nachgewiesen werden. Eine solche Nachweisung in ihrem ganzen Umfange ist nicht das Werk eines Vortrags, sondern einer ganzen Dogmatik, die in unserer Zeit nicht wie der Wunderbaum Jona in Einer Nacht geboren wird. Giebt man aber, wenn anders man es bezweifelt, es doch für einen Augenblick zu, daß diese Nachweisung möglich ist, so wird man gewiß auch nicht länger unsere Berechtigung zu der Behauptung bestreiten: Der moderne Naturalismus darf und muß besonders von dem Standpunkte des modernen Supranaturalismus bekämpft werden.

2. Der Standpunkt ist genommen; aber auf welchem Wege sollen wir die Bekämpfung beginnen? Mit Recht erweckt diese Frage in unsern Tagen erhöhtes Interesse; mehr als bisher wird die Unentbehrlichkeit einer guten Methode erkannt, um zu einem befriedigenden Resultat zu gelangen. Wir beginnen die Beantwortung damit, daß wir zwischen einem mehr negativen und mehr positiven, oder dem polemischen und dem apolo-

getischen Wege unterscheiden. Auf dem Wege der Negation läßt sich der Naturalismus bestreiten, wenn man
deutlich nachweist, daß die Voraussetzungen, wovon er ausgeht, unhaltbar, und die Resultate, wozu er führt, der-
artig sind, daß sie mit anderen, unleugbar gewissen Po-
stulaten in unerbittlichen Widerspruch gerathen. Da ja
zwei widerstreitende Dinge unmöglich zugleich wahr sein
können, so gewinnt man über den Naturalismus einen
unverkennbaren Vortheil, wenn man deutlich — ich sage
nicht ohne Nachdruck verständlich und deutlich — seinen
Widerspruch mit Etwas nachweist, was er doch auch auf
seinem Standpunkt unmöglich leugnen kann. Nicht wenig
gewinnt man mit dem Nachweise, daß der Schlüssel zu
dem großen Weltproblem, den die Gegenpartei Einem in
die Hand geben will, wohl auf manche, aber keineswegs
auf alle Erscheinungen paßt, so daß man, um auch diese
befriedigend aufzulösen, durchaus genöthigt ist, sich nach
einem andern Schlüssel umzusehen. Durch den Nachweis,
daß der moderne Naturalismus andern, sichern Axiomen
widerstreitet und also in seiner consequenten Entwickelung
zu viel größeren Schwierigkeiten führt, als welchen er ent-
ronnen zu sein gedachte, hat man dieses System im Allgemeinen gleichsam aus seinen Fugen gehoben. Mehr
in Einzelheiten bekämpft man ihn, wenn man das
Ungegründete und Willkürliche seines Widerspruchs gegen
einzelne Punkte unseres christlichen Glaubens beleuchtet.
Der Feind tritt ja nicht blos mit Grundsätzen, die in
unseren Augen verwerflich sind, sondern auch mit stolzen
Schlußfolgerungen auf, und durch diese letzten werden zugleich die ersten gerichtet mit demselben Rechte, womit man
aus dem Trüben eines Stromes auf das Unreine seiner

Quelle oder seines Bettes schließt. Gelingt es also z. B. nachzuweisen, einerseits, daß Renan's Christus das logisch nothwendige Produkt seiner naturalistischen Gesinnung ist, und andererseits, daß ein solcher Christus dennoch als eine psychologische und historische Undenkbarkeit bezeichnet werden darf, so kann man mit Recht behaupten, daß, wer einen solchen Christus schilderte, von falschen Grundsätzen ausging. Verfolgt man diese Methode mit Geschick und Consequenz, so ist's nicht unmöglich, den Gegner bei bestimmten Punkten in die Enge zu treiben, ihn zum Zweifel an die Ächtheit der Fundamente seines Gebäudes zu bewegen, wer weiß, vielleicht gar ihn zum äußersten Unvermögen, ad terminos non loqui zu bringen. Höheren Gewinn kann man sich indeß auf diesem Wege nicht versprechen; vielleicht könnte ich hinzusetzen, daß man damit vollkommen zufrieden sein kann. Oder wünscht man etwas mehr, will man seinen Gegner nicht blos zum Schweigen bringen, sondern gewinnen und statt dessen, was man ihm nimmt, ihn zu einer besseren Überzeugung leiten? Dann ist sicherlich dem blos polemischen der bestimmter apologetische, dem negativen der positive Weg vorzuziehen. Diesen betritt man, wenn man der verurtheilten Ansicht eine andere und bessere gegenüberstellt, welche die Schwierigkeiten ganz oder theilweise vermeidet, die man in der ersteren entdeckt hat. So wird die kräftigste und fruchtbarste Bekämpfung des modernen Naturalismus wohl die sein, daß man seinem nebelhaften Gottesbegriff einen andern gegenüberstellt, welcher die Forderungen des denkenden Verstandes und des religiösen Gemüths unendlich besser befriedigt; daß man dem Phantasie-Christus Renan's gegenüber den vollen historischen Christus der

Apostel in seiner ganzen Herrlichkeit schildert und nachweist, wie so manches Bedenken gegen seine Wundergs-
schichte ganz aus·der Luft gegriffen ist; daß man sonnenklar die ewige Verbindung zwischen Religion und Moral
an's Licht stellt, zwischen dem die gegnerische Seite eine
unnatürliche und unglückliche Trennung ausspricht. Wenn
das Licht sich verbreitet, dann flieht der Nebel von selbst
und wie die Sonne in ihrem eigenen Lichte gesehen wird,
so wird die Wahrheit am besten durch sich selbst gerechtfertigt. Wie könnte man dem Irrthum mit besserem 'Erfolge widerstehen, als durch ein gewisses, unzweideutiges,
getreues Zeugniß, zu Ehren der verkannten Wahrheit in
derjenigen Form gegeben, welche der Augenblick erfordert.
So allein gewinnt man eine würdige und feste Haltung
nicht blos gegenüber, sondern sogar über den Feind und
wird möglicher Weise später das Mittel, ihn für die
heilige Sache zu gewinnen. Nur sei hier noch erinnert,
daß, um uns wirklich über den Gegner zu erheben, man
auch die betreffende Wahrheit, welche seinem Irrthum zu
Grunde liegt, anzuerkennen, sie in den Kreis seiner eigenen Anschauungen aufzunehmen, und mit andern bis dahin von ihm verkannten Wahrheiten in Verbindung zu
bringen hat. Mit Recht kann man sagen: überwundene
Standpunkte sind solche, deren relative Wahrheit anerkannt und in's Gewissen aufgenommen ist, so daß man
nun weiter fortgehen kann. Überwunden ist Jemand,
wenn er den Stärkeren gefunden hat, der ihn von der
Einseitigkeit und Unwahrheit, welche seinen Anschauungen
ankleben, erlöst. Dies kann jedoch auf mehr als Eine
Weise geschehen, und nicht zu sehr muß sich darum Jemand über Verschiedenheit bezüglich der Art und Weise

des Bekämpfens beklagen, wenn diejenigen, zwischen welchen sich diese Verschiedenheit offenbart, was unendlich
mehr sagt, im Prinzip und Ziel übereinstimmen. Wenn
man aber Eine und zwar seine eigene Methode unbedingt
empfiehlt und die Methode Anderer unrichtig darstellt und
beurtheilt, um sie hernach desto bequemer bestreiten zu
können, dann läuft man Gefahr, unbillig und einseitig
zu werden. In solchen Fällen könnte man an einen
Vers Goethe's denken:

„Du hast nicht Recht. Das mag wohl sein,
Aber das zu sagen ist klein,
Habe mehr Recht als ich, das wird etwas sein."

3. Welche der angedeuteten Methoden man nun auch
für sich erwählen möge, so hat man jedenfalls Waffen
nöthig, um gegen den Irrthum zu kämpfen, welcher, wie
der Rost am Eisen, der Wahrheit anklebt, sie bedeckt und
unkenntlich macht. Mit welchen Waffen, so lautete
unsere dritte Frage, werden wir den modernen Naturalismus am besten bekämpfen? Sollen wir vielleicht zur
materiellen Macht unsere Zuflucht nehmen, des fleischlichen Arms uns bedienen und den Feind, der sich in den
Wällen zeigt, dadurch unschädlich machen, daß man ihn zu
den Thoren hinauswirft? Ich habe keinen Muth, diese
Frage mit Ja zu beantworten; eine äußerliche Glaubens-
einheit in der Kirche, auf solche Weise gemacht, wäre
ein noch viel schlimmeres Heilmittel als das Übel selbst.
Unglaube kann schlimm sein, aber vor Glaubensrichtern
möge Gott uns gnädig bewahren. Man möge es für
wünschenswerth halten, daß die Vertreter des modernen
Naturalismus selbst einsähen, daß sie mit solchen Über-

2 *

zeugungen doch eigentlich nicht zur chriſtlichen Kirche gehören; man thue das Nöthige, um auf vernünftigem und
ſittlichem Wege auch bei Andern dieſes Bewußtſein zu
wecken: nur keinen Zwang, das iſt unſere entſchiedene
Meinung, und zwar nicht weil wir nach Frieden quand
même verlangen, ſondern gerade weil wir an die innere
Macht und den endlichen Sieg der Wahrheit glauben. —
Sollen wir uns denn den Sieg einer ſtrengen philo-
ſophiſchen Beweisführung verſprechen und auch
dem Naturalismus gegenüber die Wahrheit des Chriſtenthums ſo ſonnenklar zu beweiſen ſuchen, daß kein Zweifel
mehr möglich iſt? Aber die ſtreng bemonſtrative Methode,
ſo ausgezeichnete Dienſte ſie auf dem Gebiete der exakten
Wiſſenſchaften leiſtet, iſt auf geiſtlichem Gebiete der Natur
der Sache gemäß unzureichend *). — Oder ſollen wir
endlich dem Feinde mit einer einfachen Berufung auf
jenes Eine, immer wiederholte Wort unter die Augen

---

*) Dieſe Wahrheit erkannte ſchon Abbiſon zu ſeiner Zeit,
der ſein apologetiſches Hauptwerk mit der Bemerkung ſchloß:
„Die chriſtliche Religion iſt nicht blos auf Wahrſcheinlichkeit,
ſondern auf möglichſt hohe ſittliche Gewißheit gegründet,
denn obgleich die Wahrheit des Chriſtenthums nicht mathe=
matiſch, wie ein Lehrſatz von Euklid bewieſen iſt, noch be=
wieſen werden kann, weil die Natur der Sache das verbietet,
ſo iſt ſie doch wirklich ſo feſt gegründet, als ſich von einer
Sache dieſer Art erwarten läßt, und in ſo fern kann ein ver=
ſtändiger und wohlgeſinnter Menſch ſie als bewieſen betrachten,
ſo daß kein berechtigter Zweifel mehr Raum findet; denn, wie
Bonnet mit Recht bemerkt, hat in ſittlichen Dingen die ſitt=
liche Gewißheit — und dieſe findet hier wirklich Statt — für
verſtändige Menſchen denſelben Werth wie mathematiſche Evi=
denz.“ Vgl. E. Naville a. a. O., S. 217 ff.

treten: „Es stehet geschrieben.“ Diese unaufhörliche Versicherung ohne alles Weitere würde fürwahr einen
völligen Mangel an Takt, eine grenzenlose Naivetät ver-
rathen und im besten Falle nur einem unvernünftigen,
blinden Glauben in die Hände arbeiten, den man in
Deutschland mit dem eigenthümlichen Namen Köhlerglauben
bezeichnet hat. Wir wenigstens sind keine Freunde solcher
plumpen Strategik, und so ungeschickt, das wollen wir
doch sogleich hinzufügen, ist das vielbesprochene Schrift-
prinzip auch von erklärten Supranaturalisten einer frühern
Schule nicht angewendet. Hören wir Einen für Viele:
„Ich glaube nicht, daß man weise und verständig handelt — wenigstens glaube ich versichert zu sein, daß eine
solche Beweisführung keinen glücklichen Erfolg haben würde —,
wenn man, anstatt die Scheingründe des Gegners ordentlich
zu prüfen, zu zergliedern und Stück für Stück zu beantworten, ihm den Mund zu stopfen und ihn zu verwirren
suchte durch eine feierliche Citation dieser oder jener allgemeinen Wahrheiten, welche die heilige Schrift lehrt, z. B.
„wer bist du, o Mensch, daß du mit deinem Schöpfer rechten
willst u. s. w.“ Durch eine solche Art zu beweisen wird
der Knoten nicht aufgelöst, sondern durchgehauen. So
spricht ein Supranaturalist vom alten Schlage, ein Schrift-
gläubiger ersten Ranges, der halb vergessene Lilienthal,
aus dessen kritischer Bibelerklärung *) wenigstens
das Eine ersichtlich ist, daß auch der moderne Naturalismus noch keinen Grund hat, dem Worte zu widersprechen:
„Es geschiehet nichts Neues unter der Sonne.“
Um jedem „Mißverständniß“ möglichst zu begegnen,

---

*) Einl. der holländ. Ueberf. (Amsterdam 1755), S. 251 ff.

sei hier noch zum Überfluß die Versicherung ausgesprochen, daß unseres Erachtens die Wahl der Waffen, womit der moderne Naturalismus bestritten werden muß, in jedem besonderen Falle von der Art des Angriffs selbst bestimmt und mobificirt wird. Tritt z. B. ein Naturalist mit empirisch-philosophischen Betrachtungen auf, so dürfte eine feierliche Berufung auf das Schriftwort am unrechten Orte sein. Hat er hingegen seine Betrachtungen der Schrift selber entliehen, so wird man ihm mit der Waffe derselben Schrift am besten widerstehen. Der Mißbrauch dieser Waffe beweist ja nichts wider den rechten Gebrauch; als der Versucher in der Wüste in seiner Weise das mächtige „es stehet geschrieben" hören ließ, da ließ der Herr darum nicht ab, die Waffe des Geistes zu führen, schlug vielmehr dem Feinde das usurpirte Schwert aus der Hand durch eine Berufung — keineswegs auf eine andere Autorität, sondern auf das, was wiederum ge- schrieben stehet. Im Allgemeinen wird bei der Frage, „welche Waffen", die Erinnerung an das bekannte Wort am Platze sein: „Eines schickt sich nicht für alle." Der Naturalismus tritt ja nicht in abstracto vor uns hin, sondern in der Persönlichkeit der Naturalisten ver- körpert, und diese haben doch nicht alle dieselben Vorurtheile, Bedenken, Bedürfnisse. Kämpfen müssen wir freilich; nicht blos um unsertwillen und der Theologie willen, sondern selbst um der Feinde willen, die nach unserer innigsten Über- zeugung die Wahrheit und ihren Frieden nicht kennen. Kampf ist also nicht blos eine Maßregel der Selbsterhaltung, son- dern auch der dienenden, rettenden Liebe. Diese Liebe macht aber erfinderisch und schärft unsern Blick sowohl in der Wahl des Vertheidigungs- oder Angriffspunktes, als

ber zutreffendsten Waffen. Meint sie, daß in einem vor-
liegenden Falle eine ernste Berufung auf das Gewissen des
Gegners (und warum auch nicht auf sein Herz?) mehr
ausrichten wird als eine Appellation auf die Schrift, so
wird sie ersteres nimmermehr unterlassen. Hält man ihr
aber ganz im Allgemeinen die Alternative der Waffen-
wahl vor: entweder die Schrift oder das Gewissen,
dann wird, so vermuthen wir, ihre Antwort lauten: so
viel als möglich beide auf's innigste verbunden, doch zwingt
man mich zu einer ausschließlichen Wahl, dann noch immer
die Schrift an erster Stelle, das Gewissen an zweiter
daneben. Und das kann wahrlich nicht Wunder nehmen!
Denn: „Was bezwecken wir mit unseren Apologieen?
Doch nicht irgend eine wissenschaftliche Methode, irgend
einen theologischen Grundsatz, irgend eine kirchliche Ein-
richtung zu bestätigen. Wir beabsichtigen, die Seelen zu
dem lebendigen, seligmachenden Glauben an Christum, den
Sohn Gottes, zu bringen." *) Fürwahr, so ist es, und
um diese Absicht zu erreichen, geben wir auch im Blick
auf und gegen den modernen Naturalismus beständig
Rechenschaft von unserm allerheiligsten Glauben. Wie
können wir das aber besser als vor allen Dingen durch
eine beständige Berufung auf die Schrift, nicht als auf
ein theologisches Corpus juris, das wir nach Belieben
aufschlagen, um daraus die eine Wahrheit zunächst, die
andern darnach artikelweise zu beweisen — was könnten
wir damit dem Naturalisten gegenüber ausrichten? —,
sondern auf die Schrift als historische Urkunde jener be-

---

*) Chantépie de la Saussaye, Bibelstudien III, S. 6
des Beiblattes.

sonderen Heilsoffenbarung, die auch den dreistesten An-
griffen des Unglaubens gegenüber am besten für sich selbst
zeugt! Der objektive und der subjektive Grund des
Glaubens muß nach unserer Meinung auch in diesem
Falle neben einander gehandhabt werden, aber die Berufung auf den ersten stehe in der Regel voran. Das
liegt in der Natur der Sache, denn das Christenthum ist
eine positive Religion, Frucht einer besonderen Offenbarung von Oben, deren Kenntniß wir allein unter Anerkennung wohlgegründeten Zeugnisses gewinnen. Die
Frage: Ist das Christenthum aus Gott? ist an erster
Stelle eine Frage historischer Art, und mag der Weg der
historischen Methode, diese Frage zu beantworten, lang und
schwierig sein, so ist er doch ordnungsmäßig, zutreffend
und fest. Darum erklären wir mit voller Überzeugung:
Man muß sich vor allen Dingen auf den Standpunkt eines unwandelbaren Offenbarungsglaubens, auf das im Evangelium gegründete
Gotteszeugniß stellen; und wenn der Naturalist
mich fragt, warum ich den Inhalt dieses Zeugnisses glaube,
dann ist meine Antwort nicht: weil ich selbst einsehe oder
fühle, daß es wahr ist — denn dann dürfte ich auch
blos glauben, falls und in so weit ich selbst eingesehen
oder gefühlt habe, und wie Vieles kann ich nicht einsehen noch fühlen und darf, ja muß es dennoch annehmen — sondern: weil ich es aus hinreichenden, zunächst historischen Gründen für ein göttliches Zeugniß
halten kann. Freilich wollen wir keineswegs bei diesem
sogenannten äußeren Beweise stehen bleiben, noch weniger
eine Autoritätstheologie treiben, welche sich weigert, die
Gründe der Autorität, welche sie annimmt, zu prüfen, und

an der Möglichkeit, diese Gründe zu finden, verzweifelt.
In solchem Falle wäre unsere Theologie allerdings eine
Theologie des Unglaubens, nicht des Glaubens, aber dieser Fall ist auch ein blos eingebildeter. Ich muß meine
Berufung auf das Wort der Schrift gehörig rechtfertigen
können; ich muß, was ich auf Zeugniß hin anzunehmen
begann, so viel als möglich in seiner inneren Wahrheit
einzusehen und zu würdigen trachten; ich muß also von
Glaubensgehorsam zu Glaubenswissenschaft, von Pistis zu
Gnosis fortschreiten. Aber auch wenn dies letzte mir
nicht oder nur theilweise gelingt, bleibt das eigene Wort
des Herrn, gehörig erklärt und angewandt, der feste Grund,
worauf ich baue, die Festung, worin ich mich beständig zu-
rückziehe, und wenn ich diesem Wort entscheidende Autorität
zuschreibe, so meine ich damit, daß Er, der es gesprochen,
bei mir vollkommenen Credit hat, und daß ich also aus
Gründen, die mir genügen, damit befriedigt bin, auch
dann, wenn ich den Inhalt oder die Vernünftigkeit seiner
Erklärungen noch nicht durchschauen kann. Ein solcher
Glaube ist ohne Zweifel nicht auf eigener Erfahrung,
eigenem Wahrnehmen oder Wissen gegründet, aber er ist
deshalb noch keineswegs verwerflich. „Autoritätsglaube" —
um mit einem trefflichen deutschen Theologen zu reden —
„ist ohne Zweifel ein solcher Glaube, aber nicht ein blin-
der Autoritätsglaube, denn die Autorität hat sich als
solche bei den Gläubigen gerechtfertigt; sie hat im Voraus
sein Vertrauen gewonnen bei Gelegenheiten und Ver-
anlassungen, die ihn in Stand setzten, ihre Glaubwürdigkeit zu prüfen. Auch hat die Autorität ihn nie gehin-
dert, selbst zu prüfen, zu untersuchen, wahrzunehmen; aber
er hat sich blos darum mit dem Glauben auf Autorität

zufrieden gestellt, weil ihm zur eigenen Wahrnehmung keine oder noch keine Gelegenheit gegeben war. — So ist Jesus mir eine Autorität, aber keine todte, nein, nein, eine lebendige!" *) Ich verkündige also keine „aprioristische" Autorität, keine „von außen auferlegte" Autorität, keine „unbegriffene" Autorität, keine Freiheit um „Verstandeszweifel zu unterdrücken, indem ich der Vernunft Stillschweigen auflege"; ich appellire nicht an ein „unfehlbares Buch" ohne Weiteres, wie Zenbavesta oder Koran, wobei die theologische Wissenschaft vom Teufel wäre, und was für Dinge man noch mehr folgern könnte, wollte man ein höchst einfaches Prinzip zu einer Karrikatur stempeln. Kämpfe ich mit der Waffe der Schrift, so wünsche ich jede Berufung auf ihr Zeugniß so einzurichten, daß sie auch im Gewissen Wiederhall finden kann. Nur scheint es mir bedenklich, dieses Gewissen zum letzten und höchsten Richterstuhl zu machen, vor dem die geoffenbarte Wahrheit beurtheilt wird, und im Ganzen irgend einem blos subjektiven Glaubensgrunde den höchsten Rang, das entscheidende Übergewicht zuzuerkennen. Sage ich z. B. mit de Pressensé **): „Je crois de toute mon âme au sentiment, qui avec l'Eglise de tous les siècles me prosterne aux pieds du Christ", mit andern Worten: ich glaube, weil ich fühle: so werde ich denn auch, wenn ich mir consequent bleibe, nichts anders glauben, als blos, was ich, und zwar gerade heute, fühle. Da vermisse ich die feste Bürgschaft, daß mich dieses Gefühl nicht täuscht; ich werde glauben, nun ja, an mich selbst,

---

*) Hunbeshagen, Der Weg zu Christo.
**) Bulletin Theol. 1863 II. p. 127.

aber ist Glauben an sich selbst auch schon Glaube an das
Zeugniß Gottes, welches uns das Evangelium hören lässet,
und wie dieses letzte eine That freiwilliger Unterwerfung
und unbedingten Gehorsams? Das bezweifle ich noch
und ebenso wenig erwarte ich, daß man mit einer Berufung auf das innere Zeugniß des Gewissens gegenüber
dem Naturalismus wirklich so viel weiter kommen wird,
als auf dem anderen Wege. Man will den Naturalisten
überzeugen „mit einer Berufung auf seine eigene Persönlichkeit“, ihn erinnern, „daß er selbst nicht blos Natur,
sondern auch Geist ist, daß er ein Gewissen hat und sich
verantwortlich fühlt“. Vortrefflich; es kann sein, daß
auf diesem. Wege Sündenerkenntniß, Erlösungsbedürfniß,
Glaube an den Erlöser geweckt wird. Andererseits aber,
weiß er nicht alles Derartige, woran du ihn erinnerst,
längst? meint er es auf seinem Standpunkte nicht bis zu
einem gewissen Grade erklären zu können? sieht er keine
Möglichkeit, den Folgerungen zu entschlüpfen, die du aus
dem Allem zu Ungunsten seines Naturalismus ziehen
möchtest? Überdies, wie willst du auf dem Standpunkte
des Gewissens es anfangen, ihn für diejenigen Seiten
der Heilsoffenbarung zu gewinnen, wofür die innere
Stimme nicht oder kaum Zeugniß ablegt, z. B. die meta-
physische oder die prophetisch-eschatologische? Und wenn
nun zwischen den Aussprüchen des Gewissens und den Aussprüchen des Wortes Gottes in der Bibel Conflikt entsteht,
was dann? Giebst du in diesem Falle dem ersteren den Vor-
zug, wie weit bist du dann noch von den Prinzipien des
Rationalismus entfernt? Oder haben die letzten eine entscheidende Stimme, warum denn nicht auch ihre Autorität
über jede andere anerkannt? Ist der Ausspruch des

menschlichen Gewissens denn bei Allen gleich und unfehlbar? Und wenn es auch laut und richtig spricht, kann auch diese Stimme nicht durch die des sündigen Herzens neutralisirt werden? Ach, bekennen wir es, auch dieser Weg läuft Gefahr, seinen Endzweck zu verfehlen, so lange dein Gegner wohl Freude findet, mit dir zu disputiren, aber sofort seine Gründe hat, auf dem einmal eingenommenen Standpunkte zu bleiben. Überzeugen ist ein höheres als menschliches Werk; aber zu zeugen, das bleibt der Beruf des christlichen Apologeten, und die Schrift selbst, Alles zusammengenommen, seine beste Waffe wie gegen jeden Feind, so auch gegen den modernen Naturalismus. Mit voller Übereinstimmung las ich, was der oben angeführte de Pressensó gesagt hat: „Ich habe nichts mehr nöthig, als die Bergpredigt, d. h. denjenigen Theil der Evangelien, welchen Renan behält, und worin er willkürlich das ganze ursprüngliche Christenthum abschließt, um seine Hypothesen über den Haufen zu stoßen. *) Laß mir einen Theil des Evangeliums und ich will dir zeigen, daß deine naturalistische Verwerfung des Ganzen willkürlich und unvernünftig ist. Laß mir einen Theil — aber wenn man uns nun keinen einzigen Theil, kein einziges Blatt behalten läßt? Freilich, dann würde uns diese Waffe entfallen, aber dann würde auch die gute Sache, die es vertheidigt, unseres Erachtens sehr ernst bedroht sein. Ich wenigstens an meinem Theil glaube nicht, daß

---

*) L'école Crit. etc., p. 18. Eine solche apologetische Methode hat gegenüber der Tübinger Kritik mit ausgezeichnetem Erfolge Auberlen in seiner trefflichen Schrift über die göttliche Offenbarung vertreten.

der Glaube an die Göttlichkeit des Evangeliums von dem Resultate der historischen Kritik völlig unabhängig sein könne oder zu sein gebühre. Bewiese letztere mir die Un- ächtheit oder Unglaubwürdigkeit aller. Schriften des Neuen Testaments, so würde meine Erkenntniß von Christo so umnebelt geworden sein, daß von vernünftigem und klarem Glauben keine Rede mehr sein könnte. So weit kann es aber unmöglich kommen, schon aus dem einfachen Grunde nicht, weil, wenn man Alles für unächt erklärt, man auch keinen Prüfstein mehr hat, um das Wahre vom Falschen zu unterscheiden, sondern eine Kritik übt, die ihr Objekt, ja im Grunde der Sache sich selbst vernichtet. *) Möge es eine gewisse Taktik geben, welche ein Wunder- blatt nach dem andern aus dem Evangelium reißt, so stellt doch eine gründliche und unparteiische Kritik die Ächtheit und Glaubwürdigkeit manches bestrittenen Theils früher oder später in desto helleres Licht. Kein besseres Correctiv gegen abstrakte naturalistische Phantasieen und Theorieen, als die geltend gemachte Realität der Geschichte; keine kräftigere Geltendmachung der Geschichte, als durch die Ausübung einer gesunden Kritik. Einer gesunden Kritik — das ist am wenigsten eine solche, die von der vorausgesetzten Unmöglichkeit der Dinge ausgeht, die sie noch erst untersuchen will; auch nicht eine solche, welche, wie bei Renan, sich von einem unbeschreiblichen Gefühl leiten läßt und sich so, sonderbar genug, in die Nebel des Mysticismus verliert **); sondern eine Kritik, wie

---

*) Man denke an Bruno Bauer.
**) Vgl. Geschichte oder Roman? Das Leben Jesu von E. Renan, beleuchtet von J. J. van Oosterzee. Hamburg 1864.

Bengel sie sich dachte, als er den geistlichen Menschen den
besten Kritiker nannte; eine geistliche Unterscheidung der
Schrift mit erleuchtetem geistlichen Auge und mit scharfer
Diagnose der innigsten Bedürfnisse des Herzens und Gewissens gepaart, damit es sich zeige, wie die Schrift und
die Menschheit mit einander corresponbiren und gleichsam
einander becken; ein **großartiger** Schriftgebrauch mit
Einem Worte, wie Schleiermacher dazu ermahnte, von
festen Grundsätzen ausgegangen, aber in der Anwendung
immer nach den Forderungen und Bedürfnissen der Zeit
modifizirt und geheiligt durch **den** Geist, „ohne welchen" —
das geben wir unbedingt zu — „jedes Schriftwort zu
einem Sophisma werden kann". — Fürwahr, mich verlangt zu vernehmen, welche bessere Waffe, als diese, die
christliche Theologie in dem großen Kampfe unserer Tage
handhaben könnte. „Hac nitimur", darauf stützen wir
uns, so lautete die alte Losung unserer Münzen; auf die
Bibel stützte sich die niederländische Jungfrau, während sie
die Freiheit beschirmte. Auch die Theologie, so lange sie
dabei bleibt, sich auf dem Worte der Wahrheit zu stützen,
wird zugleich die ächte Freiheit bewahren und jedem An-
griff gegenüber in Gottes Kraft unüberwindlich sein!

————

4. Nichts erreicht indeß die beste Waffe, wenn sie
verkehrt gebraucht wird. Es hängt darum unendlich viel
insbesondere von der **vierten** Frage ab, die wir auf-
werfen: **In welchem Geiste muß der moderne
Naturalismus bekämpft werden?** Vor allen
Dingen, das bedarf kaum des Nachweises, im Geiste des
persönlichen **Glaubens**. Was nützt die reichste Wissen-

schaft, die ausgewählteste Rüstkammer, der glücklichste
Takt — ohne lebendigen Glauben? Nur wer aus eigener Erfahrung mit der Kraft der Wahrheit bekannt ist,
kann mit gutem Erfolg gegen den Unglauben zeugen,
streiten, bestehen; nur Leben kann Leben bei Anderen
wecken. Rechtgläubig zu sein, mag gut sein, wenn man
es in gesundem Sinne und mit wahrhaftiger Überzeugung
sein darf, doch nicht auf die Rechtgläubigkeit, sondern
auf die Rechtgläubigkeit kommt es an erster Stelle
an. Es ist schier unglaublich, welche Kraft von einem
lebendigen und beseelten Zeugniß ausgeht, wovon der
Gegner, fast sagte ich instinktmäßig, es fühlen kann: „dieser
Mann glaubt, was er sagt". Ohne diesen Glauben,
m. H., — hätten Sie auch den eben empfohlenen Standpunkt inne als Diener der Wissenschaft — heißt es nichts,
so lange Ihnen der wahre Geist fehlt. Ist er Ihnen hingegen nicht fremd, so weiß ich das, worauf ich hier noch
hinweisen wollte, kaum bezeichnender auszudrücken, als in
dem Worte des größten Apostels an seine Schüler und
Mitarbeiter *): „Gott hat uns nicht gegeben den
Geist der Furcht, sondern der Kraft, der Liebe
und der Zucht." Nein, nicht der Furcht, fürwahr:
hier gilt vielmehr das Wort aus einem alten Kampfe:
„Wer blöde und verzagt ist, der kehre um." **) In der
That zeigt es sich in Tagen des Kampfes und der Bewegung auf oft beschämende Weise, wie wenig fester
Glaube, wie wenig hoher Muth dazu gefunden wird.
Die schwankende Haltung der Kämpfer für Christum richtet

---

*) 2 Timoth. 1, 7.
**) Richt. 7, 3.

oft mehr Unheil an, als die vermessene Drohschaar der Feinde. Der bekannte Rationalist Spalding erzählt einmal *), daß sein Glaube einmal einen gewaltigen Stoß erlitt, als er in einem vertraulichen Gespräch mit einem angesehenen Prediger über die Bedenken wider das Christenthum von diesem die Antwort erhielt: „Es sieht schon ganz schlimm aus; da müssen wir sehen, wie wir uns am besten in Sicherheit bringen." Mit einer solchen Haltung kann man wohl Geringschätzung einflößen, aber keinen Sieg erreichen. Steht wirklich die Sache nach deiner Meinung verzweifelt, dann erkenne ehrlich an: „Der Naturalismus hat in der Hauptsache Recht", und mache dir keine Mühe weiter, einen mehr als halb verlorenen Posten zu vertheidigen. Meinst du aber noch immer Rechenschaft geben zu können, was und an wen und auf welchem Grunde du glaubst, so laß dir auch nicht gar zu rasch von einem hohen Ton imponiren. Die Kühnheit, womit manche Behauptung vorgetragen wird, ist noch durchaus kein Zeichen ihrer Richtigkeit; der Beifall, welcher manche Leugnung begrüßt, entscheidet nichts für ihre Berechtigung, denn niemals hing die Wahrheit von dem allgemeinen Stimmrecht ab. Einst gab's in Jerusalem nur Eine Stimme, die bezeugte: „Fürwahr, dieser war ein gerechter Mensch", und doch hatte diese Eine Stimme Recht. So könnte auch für uns eine Zeit kommen, wo der Rath Vinet's bedacht werden müßte: „Sáchez être, s'il le faut, noblement impopulaires." Aber auf dieses „noblement" im christlichen Sinne des Wortes ommt es an, und dazu darf von der Dreizahl der

---

*) Selbstbiographie, S. 128.

Tugenden: Kraft, Liebe, Zucht, Niemandem eine einzige fehlen. Kraft, — was liegt schon in dem Einen Worte und wie vieles umfaßt die Sache! Vor allen Dingen Entschiedenheit, wo nicht in Bezug auf alle gewünschten Resultate, so doch in Bezug auf Grundprinzipien; Ruhe, aus der sittlichen Überzeugung geboren, daß man für eine gute Sache mit löblichen Waffen kämpft; Klarheit, wo man vor sich selber und anderen von dem, was man eigentlich will, Rechenschaft geben soll; eben so wenig wie Ajax bei Homer kann der christliche Theologe in einer Wolke von Nebeln kämpfen. Kraft! dazu gehört nicht minder Ernst, welcher das durchschlagende Gewicht der Lebensfragen, die jetzt an der Tagesordnung sind, in seiner ganzen Tiefe begreift. Scheuen wir auch sonst nicht das Lächeln eines aufrichtigen Scherzes, so paßt es doch nicht zu diesen Fragen: Das Schellengeklingel der Narrenkappe ist ein trauriger Mißton, wenn überall in der Christenheit die Trauerglocken über den erstorbenen Glauben von Tausenden erklingen. Kraft, — denn mehr als je ist es Zeit zu zeigen, daß das Reich der halben Maßregeln und Transaktionen vorüber ist. Ohne daß die Posaune einen undeutlichen Ton giebt, haben wir muthig in den Streit zu ziehen, ja es ziemt uns nicht, mit der bloßen Vertheidigung des uns anvertrauten Pfandes uns zu begnügen, wir dürfen auch dann und wann einen Ausfall aus der dichtumzingelten Festung wagen. Wir dürfen z. B. wohl mal darauf bringen, daß die Gegenpartei endlich einmal beweise, was sie so lange behauptet hat: Wunder seien entweder unmöglich oder durchaus unerkennbar; daß sie von ihrem Standpunkt das Weltproblem wenigstens bis auf einen gewissen Grad erkläre und uns, um etwas zu nennen, deutlich mache, wie aus dem rein natürlichen Entwickelungsprozeß des anorganischen Stoffes, ohne irgend ein Eingreifen Gottes, der vernünftige Mensch entstehen konnte; daß sie uns bei vollständiger Leugnung alles Übernatürlichen das Entstehen des Christenthums, ja alles religiösen Lebens enträthsele. Wir dürfen fordern, daß sie, wenn ihr dieses eine und andere unmöglich ist, sich wenigstens solcher Terminologieen enthalte, die blos für den entgegengesetzten Standpunkt passen und nur dazu dienen, die babylonische Sprachver-wirrung auf theologischem Gebiet zu vermehren. Wir dürfen nachdrücklich geltend machen, daß es sich hier um keinen Streit von Meinungen, sondern um Prinzipien handelt, und daß wir nichts weniger als Frieden auf Kosten der Wahrheit begehren. „Und darum Haß, Bitter-keit, ein Streiten auf Leben und Tod?" Als ob der Geist der Kraft den der Liebe und der Zucht ausschlösse! Liebe, — ach, kaum darf ich dies Wort auf die Lippen nehmen, denn wo wird sie in unserer Zeit noch gefunden? Gewiß nicht da, wo ihr Name am meisten genannt wird, aber doch eben so wenig bei dem, der noch nicht einmal gelernt hat, Personen von Sachen zu unterscheiden. Wo man es ersichtlich darauf anlegt, mit allen Waffen der Sophistik und Eristik Recht zu behalten um jeden Preis wo man streitet, nicht um andere zu gewinnen, sondern — so heißt es ja, sie wissenschaftlich todt zu machen; wo man die Losung erwählt zu haben scheint, die unter mehr als einem Portrait stehen könnte: oderint, dum metuant („hassen möge man mich, so man nur bange vor mir ist"), oder kaum Widerspruch gegen einen Lieblingsgedan-ken hören kann, ohne daß man ein Recht zu haben meint, sich über eine persönliche Thatsache zu beklagen — ach, da behaupte man doch nicht länger, daß man nichts als den Sieg der Wahrheit bezweckt. Wie kann sie siegen, wo die Liebe mit Füßen getreten wird! Einer unserer gegenwärtigen Theologen hat wohl mit Recht gesagt: „Unser geistliches Leben krankt und wird bis zur Ohnmacht niedergedrückt durch unsern Zwiespalt, unsere Lieblosigkeit, unsere Ehrsucht." Wie gut wäre es daher, wenn wir je länger je mehr zeigten, daß die wahre Liebe nicht auf Seiten derer gefunden wird, die am wenigsten, sondern auf Seiten derer, die am festesten glauben; daß eine Verträglichkeit und Freisinnigkeit mit einer sehr entschiedenen Überzeugung zusammengehen kann; daß mit einem Worte die wahre Humanität kein Antipode, sondern die Tochter und zugleich die Genossin des lebendigen Christenthums ist! — Und sollte es uns denn noch schwer fallen, sie mit demjenigen Geiste christlicher Zucht oder weiser Mäßigung zu paaren, welche der Apostel so nachdrücklich empfiehlt? Aufrichtig gesagt fürchte ich, daß auch dieser Geist in diesem Streite nur gar zu sehr vermißt wird. Vermissen Sie ihn da auch nicht, wo man — um das Eine und Andere zu nennen — sich in unfruchtbaren Diskussionen über allerlei Details verliert, ohne daß man in gewissem Maße wenigstens über Hauptprinzipien Eins wird? Oder wenn man sofort, ohne hinreichende Kenntniß der Sachen Partei nimmt, sich in diese oder jene Heerlager vertheilt und was von anderen Seiten kommt, ziemlich vornehm ignorirt? Oder wo man à tort et à travers durchaus alles festhalten will, auch wenn es sich mit einem guten wissenschaftlichen Gewissen nicht vertheidigen läßt, oder wiederum, wo man äußerst leichtfertig nachgiebt, wovon man hernach selbst anerkennen muß, es zu früh fahren gelassen zu haben? Aber wo sollte ich ein Ende finden, wollte ich Alles aufzählen, was von einem ganz anderen Geist und Sinn zeugt, als bei welchem die Wahrheit siegen kann. Ach, die beste Sache hatte manche Niederlage zuzuschreiben nicht der tüchtigen Waffenrüstung ihrer Gegner, sondern der mangelhaften Taktik und vor Allem der gegenseitigen Zertrennung ihrer Freunde und Vertreter. Nicht ohne Besorgniß blicke ich oft auf Sie, junge Kampfgenossen, bei dem Gedanken, wie viel auch Sie werden verderben können mit Eifer ohne Verstand, mit Parteisucht ohne heilige Wahrheitsliebe. O verzeihen Sie es mir, wenn ich mit gefalteten Händen Sie bitte, jenen Sinn in sich zu pflegen, den Paulus Ihnen empfahl; es hängt Alles für die Zukunft davon ab. Die Kirche der Zukunft bedarf nicht eines zügellosen Individualismus, sondern christlich entwickelter Individualitäten, soll sie den Naturalismus und so manchen andern Feind überwinden: wer hier etwas Tüchtiges leisten will, muß zuvor etwas Tüchtiges sein. Gestatten Sie mir, Ihnen den Geist, den ich hier meine, mit den Worten eines dichterischen Theologen aus der Schweiz zu empfehlen, dessen Name *) auch in Holland einen guten Klang hat.

„Gieb dich gefangen, nicht der oder jener Zunft,
Nicht wo man von ihr spricht, ist immer die Vernunft,
Und nicht der Glaube da, wo man nur glaubt zu glauben.
Oft nimmt, wer geben will, und giebt, wer scheint zu rauben.
Wen man als Denker preist, ist oft ein seichter Schwätzer,
Und mancher Orthodox verstockter als ein Ketzer.

---

*) Hagenbach.

Geh ruhig deinen Gang in Gottes Namen fort,
Vertraue seinem Geist und halt dich an sein Wort.
Herunter mit dem Zeug! Herunter von dem Stuhle,
Und auf die Schülerbank in Gottes eigne Schule.
Da lerne Demuth erst, nur Demuth giebt Vertrauen,
Vertrauen giebt den Muth, in Gottes Herz zu schauen.
Und ist an diese Zucht vorerst dein Herz gewöhnt,
So wird dem Glauben auch das Wissen bald versöhnt."

5. Wir kehren nach diesem Exkurse noch einmal zu der aufgestellten Frage zurück. Wie gestritten d. h. zuletzt: mit welchen Bundesgenossen? Einen Bundesgenossen, das erkennen wir an, können wir sehr wohl gebrauchen, nicht blos im Bewußtsein unserer Schwachheit, sondern weil wir zugleich deutlich einsehen, daß es auch der Gegenpartei keineswegs an mächtigen Freunden und Mitkämpfern fehlt. Der Naturalismus, wir müssen es wiederholen, ist sich bewußt, daß er von mächtigen Strömungen und Bestrebungen dieses materialistischen Jahrhunderts getragen wird. Wer hatte nicht oft, wenn er ihn aus Überzeugung bekämpfte, das ermattende Gefühl, gegen den Strom zu schwimmen! Dennoch dürfen wir nicht an dem Siege verzweifeln. Die evangelische Theologie hat in diesem ihrem gerechten Kampfe einen mächtigen Bundesgenossen neben sich, einen noch mächtigeren Bundesgenossen sich gegenüber, einen übermächtigen Bundesgenossen über sich.

Der mächtige Bundesgenosse neben uns ist nach meiner Meinung die geziemend gepflegte Naturwissenschaft. Aber wie, höre ich fragen, ist nicht gerade sie die feste Stütze der naturalistischen und materialistischen Weltbetrachtung? Auch hier müssen wir, wie überall, mit einem Unterscheidungsurtheil antworten. Daß aus den Naturwissenschaften nicht selten die Waffen wider das Evangelium entliehen werden, das bedarf nicht erst der Erinnerung. Daß aber in derselben Rüstkammer auch Schwerter zu finden sind, die den Gegner des Übernatürlichen auf empfindliche Weise verwunden können, das läßt sich eben so wenig verkennen. Mit goldenen Lettern stehen in dem Tempel der Weisheit die Namen eines Oerstedt, eines Schubert, eines Cuvier, eines Wagner, eines Uillens, van der Hoeven, Schroeder van der Koll und vieler Anderer mehr eingehauen, die nicht blos ein Auge für die Natur hatten, sondern auch ein Ohr für die Stimme des Geistes in der Natur und die bei dem Besitz ausgebreiteter Wissenschaft den Glauben an einen persönlichen Gott festhielten, zu dem man betend aufschauen könnte, und an ein Evangelium, welches verkündigte, was die Natur verschwiegen hatte. Solche Naturforscher sind unsere natürlichen Bundesgenossen in einem Streite, der nicht minder für ihre Wissenschaft als für die unsere Bedeutung hat. Versäumen wir nicht, ihre Schriften zu untersuchen, die „Zeugnisse der Gestirne" uns durch ihre Stimme dolmetschen zu lassen und aus ihrer Weigerung, eine übernatürliche wundervolle Macht zu leugnen, unsern gehörigen Nutzen zu ziehen. Sehr bestimmt gilt von Naturkunde und Naturphilosophie Baco's bekannte Erklärung, daß ein einziger Zug aus diesem Becher von Gott wohl ableiten kann, daß jedoch ein reichlicher Trunk zu ihm zurückführen muß.

Einen noch mächtigeren Bundesgenossen finden wir uns gegenüber in dem Herzen und Gewissen des Feindes, den wir so unendlich lieber mit dem Namen Freund begrüßen möchten. Angenommen auch, obschon nicht im

Entferntesten zugestanden, daß der Naturalismus als System den Forderungen des denkenden Geistes vollkommen
genügte, so würde doch darum sein Sieg noch nicht entschieden sein; denn der Mensch besteht nicht blos aus Gehirn, und die Erfahrung lehrt immer auf's Neue, daß
Hypertrophie des Geistes zu Atrophie des Herzens führen
muß, die sich früher oder später empfindlich rächt. Wenn
wir also nach Pauli Wort durch Offenbarung der Wahrheit uns dem Gewissen der Menschen angenehm zu machen
trachten; wenn es uns gelingen sollte, in die zartesten
Saiten eines Herzens zu greifen, das zu Gott geschaffen
ist und außer Ihm nicht wirklich leben kann; wenn wir,
um es kurz zu fassen, die ganze Frage: Natur oder Geist,
Naturalismus oder christlicher Offenbarungsglaube, nicht
blos vor den Richterstuhl des forschenden und zergliedern-
den Verstandes bringen, sondern auf das Gebiet, wohin
sie eigentlich gehört, des sittlichen und religiösen Lebens —
sollte es dann auch in der Brust unserer Gegner keinen
einzigen Ton geben, der Antwort gäbe? Sollte dann der
Geist und das Herz seine ursprüngliche Anlage aufgeben,
seine innige Verwandtschaft mit der von Gott geoffenbarten
Wahrheit verleugnen? Sollte diese nicht die mindeste innere
Kraft voraushaben vor schönklingender Lüge, träte diese
auch mit der Prätension der höchsten Wissenschaftlichkeit
auf? Ich erkläre auch vor Gott, daß ich das Panier
der Kirche und Theologie sofort verlassen würde, müßte ich
an der Antwort auf diese Frage auch nur einen Augenblick zweifeln. Wie Luther von dem übel berichteten an
den besser zu unterrichtenden Papst sich berief, so dürfen
wir dem Unglauben gegenüber an das Herz und Gewissen, ja auch an den Verstand des Ungläubigen selbst

appelliren. Selbst bei wiederholtem Protest ist dieser Appell noch 'nicht hoffnungslos. „Das Bewußtsein einer übernatürlichen Welt lastet mit schrecklicher Schwere auf einem Jeden, der es nicht als Prinzip in sein eigenes Leben aufgenommen hat." *) — Wo dieses schlummernde Bewußtsein geweckt werden muß, da geht's damit, wie mit dem Bohren des artesischen Brunnens, das in einzelnen Fällen oft Monate oder Jahre dauern kann. Siehe, da bringt das gewaltige Bohr so tief als möglich in den bunkeln Boden; es geht durch Steingrund auf Steingrund, durch Erdschicht auf Erdschicht, ohne daß noch Wasser zu sehen ist, während inzwischen der Vorwitz schon den Verlust von Zeit und Kräften beklagt. Endlich aber, indem die Arbeit rastlos fortgeht und die Erwartung auf die Probe gestellt und — verspottet wird, endlich wird die letzte Scheidewand durchbohrt und auf einmal schießt mit unwiderstehlichem Drang der Wasserstrahl empor, so hoch, so kräftig, so wild, daß die stolzeste Erwartung beschämt wird. O fahren wir nur fort, wenn es so weit kommt, unerschrocken und unermüdlich zu zeugen! Es giebt nicht blos eine Stimme, die uns widersteht, sondern auch eine Stimme, die uns entgegenkommt und — antwortet.

Und endlich, was Alles entscheidet: wir haben einen übermächtigen Bundesgenossen über uns in Gott, dem König der Jahrhunderte, und in der Zeit, seinem Diener. Glaubst du wirklich an einen lebendigen und wirkenden Gott, so kannst du unmöglich annehmen, daß er ein unthätiger Zuschauer des Streites für die höchsten Interessen der Menschheit sein sollte. Wie wäre das Christenthum

---

*) Perthes.

bis dahin so zahlreichen und mächtigen Feinden gegenüber
stehen geblieben, wäre Er nicht an die Spitze getreten!
Aber Er, der Getreue und Mächtige, Er kann auch ge-
brechliche Mittel segnen; Er hat seinen eigenen Weg zu
den Herzen; Er stellt der Macht des Zeitgeistes die Über-
macht des heiligen Geistes entgegen. Wir trachten den
innigsten Glauben unseres Herzens mit allen Waffen zu
rechtfertigen und zu vertheidigen, welche eine christliche
Wissenschaft zu unserer Verfügung stellt; Er vertritt die
Wahrheit auf seinen eigenen Wegen, die so viel höher als
die unseren sind, denn die Himmel sind über der Erde,
und gerade aus dem Übermaaß des Bösen wird zu seiner
Zeit das Gute geboren. Wir kämpfen mit Winden und
Stürmen, aber Er winkt und der Wind bläst aus einer
anderen Himmelsgegend; was gegen uns schien, das wird
für uns, und Zeiten und Umstände begünstigen ebenso
kräftig eine neue Entwickelung der Kirche und Theologie,
als jetzt beinahe Alles zu beider Untergang sich zu ver-
schwören scheint. Wir sehen blos das Alte, das vergeht,
aber wir glauben an das Neue, das kommt, weil wir
nicht blos, wie der Naturalismus, einen Gottes begriff
haben, sondern einen Gott, der persönlich lebt und spricht
und gesagt hat: „Mir sollen sich alle Kniee beugen und
alle Zungen mir schwören." Das ist der feste Grund,
der unser Glaubensgebäude trägt, und sagte jede innere
Stimme auch in manchen Stunden: Nein! — Gottes
eigenes Wort in der Schrift wiederholt: Ja! und dieses
Wort genügt uns, und darum halten wir sogar auf Hoffnung wider Hoffnung am Glauben fest. Nein, nicht der
Natur, sondern dem Geiste; nicht dem Geschöpf, sondern
Gotte; nicht einem Renan, sondern Christo bleibt das

letzte Wort in dem großen Streit unserer Tage. Aber als Sieger wird Keiner gekrönt, er kämpfe denn recht, und recht kämpft Niemand, der nicht am Eingang der Streitbahn in tiefer Demuth die Kniee beugt. Auf denn, stärken wir uns heute und allezeit im ehrerbietigen und vertrauensvollen Gebet!

II.

Sollen wir noch Theologie studiren oder nicht?

September 1865.

Meine Herren!

Auf's Neue rufe ich Ihnen „willkommen" zu an einem Vielen von Ihnen schon bekannten, anderen noch fremden Orte, wo aber, so hoffe ich, Alle sich bald ganz heimisch fühlen werden, willkommen am Eingange der neuen Bahn, deren Schlagbaum aufgezogen ist, während das Ziel des Weltlaufes Ihnen schon von ferne freundlich zuwinkt. Lassen Sie uns denn unverzüglich den ersten Schritt thun; nein, noch nicht. Zuvor lassen Sie uns noch bei dem schon erreichten Meilenstein einen Augenblick still stehen und — nachdenken. Ich habe eine Frage auf dem Herzen und den Lippen, die ich Ihnen vorzutragen fast Anstand nehme, so wenig passend und so sonderbar wird sie Ihnen vielleicht zuerst klingen, und doch eine Frage, die ich im Blick auf die Zeichen der gegenwärtigen Zeit thun darf, die ich thun muß in Ihrem eigenen Interesse, ja auch in dem der Kirche und der Wissenschaft. Ich will sie noch heute beim Beginn unserer Arbeit vortragen, bevor sie vielleicht Jemandem mitten oder am Schluß unserer Arbeit wie Blei auf die Seele fällt. Wozu aber Ihre Neugierde zur Ungeduld steigern? Nehmen Sie mit mir die Frage in ernste Erwägung:

„Sollen wir noch Theologie studiren oder nicht?"
und schneiden Sie dieselbe nicht ab mit der leichtfertigen
Antwort: „Ist's nichts anderes? wenn das noch zu bezweifeln wäre, so wären wir ja nicht hierher gekommen."
Erfreut über Ihr Hiersein halte ich es kaum für nöthig,
Sie darauf hinzuweisen, daß bereits noch lange nicht
gleichbedeutend ist, hieher zu kommen und Theologie zu
studiren. Die Frage, welche ich aufwerfe, hat schon Manchem und zwar unter unsern hervorragenden Zeitgenossen
kummervolle Tage und schlaflose Nächte bereitet. Die Erscheinung, daß die Zahl der künftigen Theologen, wie
im Auslande, so auch auf unsern Universitäten allmälig abnimmt, darf weder übersehen noch unterschätzt
werden. Es giebt Jünglinge von ernstem Sinn und vor-
züglicher Anlage, die in das innerste Heiligthum des theologischen Studiums zu führen wir uns glücklich schätzen
würden, aber wir sehen sie scheu zurückbleiben oder ent-
muthigt zurücktreten, wenn sie noch kaum in den heiligen Vorhof eingetreten sind. Es giebt Männer in der
ersten Kraft ihrer Jahre, die dem Predigtamt, das sie
einst feurig erwählten und freudig antraten, ganz frei-
willig entsagen, um hinfort auf andere Weise der menschlichen Gesellschaft nützlich zu sein. Es gibt solche in vor-
gerückterem Alter, die Jahrzehnte nach einander den Christus des Evangeliums verkündigt haben und nun plötzlich
ihre Vergangenheit verläugnen, um über einen großen
Theil des Evangeliums den Namen „künstlich erdichtete
Fabeln" zu schreiben. Können Sie sich eine traurigere
Lage denken, als die eines Dieners am Evangelio, der
Sonntags noch die Kanzel besteigt, aber in den Wochen-
tagen still auf dem Wartthurm steht, um nach allen Rich-

tungen auszuschauen, ob er irgenbwo einen sichern Hafen für sein unstätes Schifflein entdecke? Und solche Erscheinungen findet man in unsern Tagen nicht blos auf bem Gebiete der Erdichtung. Wir leben' fürwahr schnell und wer die Zeichen der Zeit beobachtet, der sieht die mannigfaltigsten Erscheinungen rastlos auf einander folgen. Im vorigen Jahre — vielleicht erinnern Sie sich daran — nahm ich Anlaß bei einer Gelegenheit, wie dieser, Ihre Aufmerksamkeit auf die Frage zu richten: „wie man n i ch t stubiren muß". Auf negativem Wege suchte ich Sie zu bem Positiven zu führen, das zu jeder Zeit Bedürfniß, in unsern Tagen mehr als je unentbehrlich ist. Heute — in der That, jetzt ober nie ist Anlaß zu der Frage vorhanden: „sollten wir nicht besser thun, das Studium der Theologie ganz daran zu geben?" Meinen Sie, diese Frage könne mir doch unmöglich Ernst sein? Sie ist es so sehr, daß ich sie für Sie und mich selbst nicht blos als eine Zeitfrage, sondern auch als eine Gewissens- und Lebensfrage ansehe. Unmotivirt erscheint sie gewiß Niemandem und unwichtig sicherlich nicht für angehende Diener der Kirche, die ja, auch was ihren künftigen Lebensberuf angeht, keine Thürme bauen wollen, ohne die Kosten zu berechnen, keinen Krieg beginnen, ohne die Waffenrüstung zuvor zu mustern. Bei der Besprechung unserer Frage beginnen wir billiger Weise damit, das Wort denen zu geben, die aus verschiedenen Gründen in unserer Zeit vom Studium der Theologie abrathen. Dann wird sich's zeigen müssen, ob solchen Stimmen gegenüber sich auch noch Töne von ganz anderem Klange hören lassen. Wenn ja, so haben wir uns zum Schluß noch wol etwas zu sagen, was ernste Beherzigung verlangt. Meine Herren,

Sie sollen Zeugen werden bei einem nicht unwichtigen Streit der Meinungen und Parteien. Wer Recht hat, mögen Sie selbst entscheiden!

„Sollen wir noch Theologie studiren oder nicht?" Auf diese Frage meine ich alsbald von der äußersten Linken ein schallendes Hohngelächter zu hören. „Theologie", ruft man uns spottend zu, „begrabe sie dreist in demselben Grabe, das der Geist des Jahrhunderts seit den letzten Jahren für allen Unsinn der speculativen Philosophie gegraben hat. Die Leidenschaft der Wirklichkeit, die uns durchglüht, gestattet wahrlich nicht länger, daß wir uns mit solchen Illusionen aufhalten. Theologie ist eine Verstandeskrankheit, eine Hallucination des menschlichen Geistes, worauf Jeder, der den Muth hatte, das große Räthsel bis auf seinen tiefsten Grund durchzudenken, mit Mitleiden und Geringschätzung herabsieht. Das Geheimniß der ganzen Theologie, das ist klar, ist blos die Anthropologie, mit andern Worten, der ganze Glaube an Gott ist ein eitler Wahn des Menschen, des Subjekts, das sich einfach objektivirt und so in unwillkührliche Selbstvergötterung, sei es des Individuums, sei es des Geschlechtes, verfällt. Was ist Gott? Eine Hypothese, die nicht bewiesen werden kann, ein Name im besten Falle für die unbewußte Naturkraft, die alles durchbringt und erst im menschlichen Denken zu einer Art von Selbstbewußtsein erwacht. Was ist der Mensch? Das Produkt des anorganischen Stoffes, der, nachdem er zahllose Entwickelungsstufen durchlaufen, schließlich zum Affen, zum wilden Mann, zum Naturmenschen, zum gebildeten, zum gelehrten, wer weiß, gar zum gottgelehrten Menschen (b. i. zu einer Art von Mondsüchtigen) geworden ist, um bald aufgelöst zu werben in Stickstoff, Sauerstoff, Wasserstoff, Kohlenstoff und andere Stoffe. — Was ist sittliche Freiheit? Ein Postulat eurer hochgerühmten Moral, aber ein Hirngespinnst für den, welcher nicht ansteht, den Begriff der absoluten Causalität ohne Vorbehalt anzuwenden, und aufmerksam auf die Continuität des sogenannten sittlichen Lebens geachtet hat. Und der Glaube an Unsterblichkeit? Der letzte Feind, den die Wissenschaft bekämpfen und möglichst ausrotten muß. Schon ist es ihr gelungen, aus der wohlbekannten Trias des alten Rationalismus: Gott, Tugend, Unsterblichkeit, das erste und dritte Glied loszureißen; es wird sich zeigen müssen, ob das zweite in seiner Isolirung fester als jene beiden stehen wird. „In Erwartung dessen — höre, mein Freund, die Moral bei Seite gelassen, aber Cultur ist gewiß etwas Gutes, und besonders Hautcultur dem zu empfehlen, der zur vollen Klarheit kommen will. Essen und Trinken, das ist das Abendmahl des Sohnes dieses Jahrhunderts; Baden und Schwimmen, das ist seine Taufe, deren Wiederholung höchst wünschenswerth ist; im Wasser vergehen dann rasch alle supranaturalistischen Illusionen" — du kannst inne halten, Mann der äußersten Linken, wir haben in deiner Sprache schon die stolzen Machtsprüche des Materialismus erkannt. Halten Sie diesen Feind nicht für gering, meine Herren; er „rückt fest an mit fliegenden Fahnen", um ausdrücklich gegen Theologie in jeder Form seinen Krieg auf Leben und Tod zu beginnen. Stoffwechsel ist seine Losung und „ohne Phosphor keine Gedanken" der Spruch, den er in das entrollte Panier geschrieben hat. Es ist unglaublich, wie

sehr das Streben, alles aus und durch und für Stoff
allein zu erklären, in den letzten Jahren zugenommen hat.
Vor wenigen Monaten erschien in dem quartier latin —
dem gewöhnlichen Wohnsitz der Pariser Studenten — ein
Wochenblatt unter dem Namen „Candide" — es wurde
kürzlich aus politischen Gründen von der Regierung
unterdrückt —, worin nichts Geringeres behauptet wurde,
als daß der Materialismus das einzig denkbare Resultat
der freien Wissenschaft wäre, und daß die, welche sich
noch dagegen erklärten, es blos aus pekuniären oder anderen Gründen thäten. Darum sind alle (sehr offenherzig
und namentlich sehr bescheiden!), die mit uns, den viel-
versprechenden Materialisten, nicht übereinstimmen, arm-
selige Brodgelehrte oder Heuchler! Ungeachtet einer solchen
Excentricität durfte sich das radikale Blättchen eines Ab-
satzes von 20,000 Exemplaren erfreuen. Dergleichen
giebt was zu denken und rechtfertigt wohl einigermaßen
die Frage: „Sollen wir noch Theologie studiren oder
nicht?"

„Ich bezweifle es", so spricht eine andere Stimme, die
kommt aus dem immer zahlreicheren Centrum, und ihr
Wort ist von einem wehmüthigen Lächeln begleitet, wer
weiß, gar auch von einer beredten Thräne. „Leichtgläu-
biger!" so fährt sie fort, „ich beneide dich, daß du noch
etwas Heil auf diesem Wege erwarten kannst, während
ich nur das Wort des Dichters wiederholen kann:

„Das will mir schier das Herz verbrennen,
daß wir nichts Rechtes wissen können."

„Was ist das Heiligthum der Wahrheit, um derent-
willen du dich des steilen Bergpfades getröstest, doch anders
als ein glänzendes Luftschloß, das sich in Nebel auflöst,

wenn sich der Sturm des Zweifels erhebt? Oder nenne
mir wenigstens Eine theologische Frage, in Bezug auf
welche es möglich wäre, mit befriedigenden Gründen zu
einer festen Überzeugung zu kommen. Der Jesus der Geschichte und der Christus der Kirche sind himmelweit von
einander verschieden. Die Forderung einer ganz neuen
Christologie ist ebenso unabweisbar, als sie beim Mangel
zuverlässiger Postulate völlig unerreichbar genannt werden
darf. Die Evangelien — du weißt, was schon aus dem
Johannesevangelium geworden ist, und meine nicht, daß
die anderen auf die Dauer weit fester stehen! Kritik, sie
ist es, worin sich jetzt deine ganze Wissenschaft auflöst, und
die Gewißheit der Ungewißheit beinahe das einzige Resultat, worin ihre begabtesten Vertreter sich bis dahin vereinigen können. Und Dogmatik — aber kennst du einen
größeren Anachronismus, als schon allein den Namen
dieser Wissenschaft? Ist doch das einzige Dogma der
neueren Zeit dies, daß es überhaupt keine Dogmen im objektiven Sinn des Wortes giebt, daß sie nicht bestehen können
und auch nicht bestehen müssen. Meinungen und Systeme,
o ja, die triffst du in Menge an; aber Wahrheit, ewige,
für uns wenigstens bis auf einen gewissen Grad erkenn-
bare Wahrheit auf dem Gebiete der unsichtbaren und
ewigen Dinge — die alte Philosophie sagt: „bei mir ist
sie nicht", und die moderne Theologie: „bei mir ist sie
nicht", und sowohl die Empiriker als die Idealisten wiederholen: „ihr Gerücht haben wir nur von ferne gehört".
Gott allein kennt ihren Weg, und dieser Weg ist für das
Menschenkind ewig verschlossen, und was er sein Wissen
nennt, das ist blos Wind und eitler Wahn. „Die Wahrheit ist nicht, sondern wird" — so lautet ein Echo,

wenn nämlich das zweifelhafte „que sais-je" von Montaigne das letzte Wort bei der Feststellung unserer brennenden Fragen behält. Schon haben Sie den Scepticismus erkannt, meine Herren, dem nicht wenige in unsern Tagen ergeben sind, deren ganzes Glaubensbekenntniß auf christlich-religiösem Gebiet sich in ein unbeantwortetes Fragezeichen auflöst. Statt eines patentirten Lehrsystems zieht diese Richtung ein gewisses namenloses Heimweh, einen tragischen Weltschmerz vor, der jedoch keineswegs, wenigstens bis zu einem gewissen Maaße, für Lebensgenuß unempfänglich macht. Sie stellt und zählt Ihnen alle möglichen Denkprobleme vor, verbietet Ihnen aber zugleich im Namen der ächten Wissenschaft, zu einem entscheidenden Schluß zu kommen. Sie ist der Mephisto, der halb im Scherz, halb im Ernst den Doktormantel umgeschlagen hat und nun dem wißbegierigen Jüngling, der ihn über das Studium der Theologie um Rath fragen will, nicht viel mehr zu sagen hat, als daß hier das verborgene Gift sich kaum von der Arznei unterscheiden läßt, und dann auf das noch weiße Albumblatt keinen bessern Spruch als den der Schlangenarglist zu schreiben weiß: „eritis sicut Deus". So — doch „der Geist, der stets verneint", hat schon lange genug unter uns umher geschwärmt, um die Zeichnung seines Bildes ziemlich überflüssig zu machen. Genug, wenn er wirklich, wie er behauptet, den Talisman der höchsten Weisheit in Händen hält, fürwahr, Sie mögen sich noch wohl zwei Mal bedenken, ehe Sie auf die Frage, welcher Sache Sie Ihre edelsten Kräfte weihen wollen, die völlig bereite Antwort hören lassen: „Der Kirche und Theologie!"

„Das würde ich Ihnen auch rathen", — so klingt

es von einer britten Seite, von der äußersten Rechten, und diese Stimme ist von einem etwas steifen Blick, vielleicht von einem schmerzlichen Seufzer begleitet. „Ich will die Kirche noch nicht aufgeben", fährt dieser Rathgeber fort, „aber desto mehr bezweifle ich, ob die Wissenschaft unseres Jahrhunderts ihr wohl gute Dienste leisten wird. O es waren herrliche Tage, als die sancta theologia als Königin auf dem Throne herrschte und jede andere Wissenschaft, als Dienerin zu ihren Füßen sitzend, in bemüthiger Haltung abwartete, welche Antworten die Hochgestellte auf ihre bringenden Fragen zu geben belieben würde. Aber jetzt, wie ist das gute, feine Gold so verblichen! wie sind die Steine des Heiligthums auf alle Straßen geworfen! Die Fürstin ist Schleppträgerin der Weltweisheit geworden; die Schleppträgerin wird allmälig Bettlerin, die schon von Glück sagen kann, wenn sie von den Brosamen gesättigt wird, die von der Tafel der Philosophie fallen. Nein, ist es Ihnen wirklich Ernst, der Gemeinde des Herrn zu dienen, so muß ich Ihnen im Gegentheil rathen, nur ja nicht Theologie zu studiren, wenigstens nicht zu betreten den einst so genannten königlichen Weg der freien Wissenschaft. Die Stunde kommt und ist schon jetzt, wo die Weissagung eines Mannes erfüllt wird, der vor dreißig Jahren noch ein Apostel des Unglaubens hieß, jetzt aber von Vielen als Prophet einer bessern Zeit begrüßt wird: „Die Schusterbank, das Schreibzimmer und wo man sonst am besten vor dem Eindringen der Wissenschaft sicher ist, ist gegenwärtig eine bessere Vorschule für das Predigtamt als die Universitäten und Seminarien; religiöse Idioten und theologische Autodidakten, die Führer und Sprecher der pietistischen Versammlungen, sie sind die Prediger der Zukunft." *) Die Universitäten, ursprünglich mit gestiftet, um der Kirche des Herrn zu dienen, sind jetzt in der Regel ihre bittersten Feinde, und es ist sehr die Frage, ob den Seminarien mehr zu trauen ist. Alles, was man Wissenschaft nennt, steht jetzt sichtlich im Dienste des Unglaubens, und die Kirche hat niemals eine bessere Zukunft zu erwarten, so lange selbst ihre Freunde vergessen, daß „jede Kirche ein orthodoxes Institut ist", dessen Vertreter also nicht an erster Stelle fragen müssen: „was ist wahr", sondern: „was ist mit dem bewährten Kennzeichen gestempelt und was wünscht die Gemeinde am liebsten?" — So ungefähr denkt und spricht mancher Vertreter eines beschränkten Orthodoxismus und verbindet sich mit Vertretern des Materialismus und Scepticismus, um uns vor „Fußangeln und Klemmen" zu warnen, die überall unsere Schritte bedrohen. Denn Fortschritt ist die stillschweigende Losung alles wahrhaftigen Studiums, und der Conservative quand même flüstert uns zu, es sei besser, stehen zu bleiben, wo man steht. Und nicht immer bleibt es bei diesem verhältnißmäßig noch bescheidenen Widerspruch. Von derselben Seite hören wir die an sich wahrhaftige Wahrheit, daß der ächte Theologe vom heiligen Geist gelehrt sein muß, bisweilen in solchem Sinne mißdeuten, daß alles eigentliche sogenannte Studium ein eben so fruchtloses als vermessenes Streben ist, allmälig sich dessen zu bemächtigen, was dieser oder jener, wie er uns sagt, durch unmittelbare Eingebung von Oben mit Einem Male hat verstehen gelernt. Der Buchstabe tödtet, so versichert man uns, und der Geist ist an keinen Stand

---

*) Strauß, Glaubenslehre II, S. 626.

gebunden; also kein besonderes Predigtamt, keine wissenschaftliche Anleitung mehr. Das Wenigste, was auf diesem
Wege erworben wird, kommt doch im praktischen Leben zu
Statten; wie oft wirst du dich später beklagen, daß du
Weisheit in der Schule der Wissenschaft suchtest! Das
aufgesparte Capital giebt keine oder zweifelhafte Zinsen;
wer weiß, du erntest vielleicht sogar Verkennung und Un-
dank. Während du im Schweiße deines Angesichts Jahre
lang arbeitest, um dich für den Dienst der Kirche auszu-
bilden, und dann mit heiligem Eifer das Wort der Wahrheit verkündigst, siehst du dir auf einmal das Loos be-
scheert, „vor leeren Bänken" zu predigen, während die
Menge, die doch meist an Phrasen hängen bleibt, jenem
Stundenhalter zuströmt, von dem dieser oder jener ihr
sagt, daß „er die Sprache Canaans redet!" — Mich dünkt,
Sie haben schon genug gehört, was Stoff zum Nachdenken,
vielleicht Grund zum Schwanken giebt. In der That,
wohl verdient die Sache nochmals in Erwägung, in ernste
Erwägung genommen zu werden. Die linke, die rechte
Seite, das Centrum, sie, die sonst unter einander die
größten Feinde sind, vereinigen sich in unserer Zeit, uns
den freundschaftlichen Rath zu geben: „Studire lieber
nicht, nicht länger mehr Theologie." Was sollen wir
thun; oder vielmehr, denn das wird später in Betracht
kommen, was haben wir auf diese Stimmen zu antworten?

Ja, was zu antworten? Denn daß irgend eine Antwort auf das Alles zu geben ist, das wird Niemand von
Ihnen bezweifeln; es fragt sich blos, welche Antwort die
wahre sein wird. Urtheilen Sie selbst, meine Freunde,

unb folgen Sie mir, wenn ich gegenüber jenen brei Stimmen, bie wir belauschten, Sie brei anbere Stimmen hören
lasse, bie, täuscht mich nicht Alles, unsere gute Sache ent-
scheibenb vertheibigen.

Wohlan benn, noch einmal gefragt: „Sollen wir
noch Theologie stubiren?" Ja, spricht schon augenblicklich
eine Stimme mit unabweislichem Drang, bie Stimme bes
menschlichen Geistes, bie noch immer behauptet, baß er
unenblich mehr ist als Stoff, unb mit sichtlichem Wiber-
willen von bem Verfechter ber tobten Materie sich ab-
wenbet. Ober ist es nicht minbestens auffallenb, baß,
wie tief auch bie Menschheit von Zeit zu Zeit in ben
Dienst bes Materialismus versinkt, sie boch nicht nachlassen kann, bie großen Fragen, welche ber Spiritualis-
mus bespricht, immer auf's Neue auf bie Tagesorbnung
zu stellen? merkwürbige unb erfreuliche Erscheinung! Der
Geist bes Jahrhunderts sucht sich bie Theologie mit allem
was barum unb baran hängt, ein für alle Mal „vom
Halse zu schaffen", inbem man sich in bem philosophischen
Morast eines Feuerbach, eines K. Voigt unb Anberer mit
einem gewissen Wohlbehagen wälzt; unb nun, sollte man
sagen, müßte benn auch seine Spannung unb Unruhe zu
Enbe sein? Nein, es ist als fingen biese nun erst recht
an, sich in ihrer ganzen Kraft geltenb zu machen; man
kann nicht nachlassen noch zu streiten wiber bas, bem
man schon unzählige Mal beibes, bas Recht ber Existenz unb bes Rebens, absprach; man greift ben Glauben
an bas Übernatürliche oft mit einer Bitterkeit an, welche
sichtlich ber Behauptung wiberspricht, baß man es hier
blos mit ber Leiche einer gestorbenen Vergangenheit zu
thun hat. Kürzlich beim Durchblättern einer ber jüng-

sten Schriften eines Schriftstellers, der zu der heutigen rea-
listischen Kunstschule gehört, mit dem ich Niemandem von
Ihnen Bekanntschaft zu machen rathen kann — ich meine die
Briefe über Algier von E. Feibeau — überraschte es
mich, gerade von diesem Schriftsteller nach der Bemerkung,
wie die Herrschaft alles dessen, was unsichtbar und geist-
lich ist, allmälig abnimmt und wie die Menschheit gleichsam durch eine gewisse Fatalität mit unwiderstehlicher
Macht zu der Anerkennung der Suprematie des Fleisches
getrieben wird, auf einmal das Geständniß zu hören,
„welch ein Glück es sei, daß wir doch noch nicht so weit
gekommen wären, da in diesem Falle die Langeweile
unbeschreiblich wäre". Die Langeweile, muß ich fragen,
warum doch, und warum bei diesem Schriftsteller nach
dem Cynismus der Sensualität auf einmal die Lyrik der
Melancholie? Der Fisch langweilt sich nicht enblos, wenn
er ins Wasser zurückgekehrt ist; die Sonnenblume welkt
nicht hin, wenn sie die warmen Sonnenstrahlen einsaugt:
woher denn auf einmal diese Langeweile bei der Menschheit, wenn sie enblich in ihrem Elemente angekommen ist,
wornach sie so lange gestrebt hatte, und sich hinfort versichert halten darf, daß sie nichts als Stoff ist, bestimmt,
im Stoffe zu vergehen? O gewiß, die Welt würde von
einem großen Stein des Anstoßes befreit sein, wenn alle
theologischen Fragen ein für alle Mal als unempfänglich
erklärt werden könnten! Schade nur, daß es, wie die
Erfahrung zeigt, unmöglich, völlig unmöglich ist! Mögen
diese Fragen nicht länger von einer besonderen Menschen-
klasse, Theologen oder Predigern, mit allem Ernste erwogen werden, es sei so; aber werden sie darum aus der
Sphäre des menschlichen Denkens verschwinden? So wenig,

daß nun jeder denkende Geist mit doppeltem Drange sich zu den Altären drängen wird, deren Priester man [ver-bannt oder zu gezwungenem Schweigen verurtheilt hat. Alle Wissenschaften in rechtmäßigen Ehren, aber keine vermag sich von ihren Prinzipien und letzten Gründen Rechenschaft zu geben, oder sie hat mehr oder weniger mit der Frage aller Fragen zu rechnen: „wie stehst du zu dem Glauben an den lebendigen Gott, Schöpfer und Herrn aller Dinge?" und siehe, da wird die Theologie, die zur Vorderthür hinausgetrieben war, schon wieder durch die Hinterthür hereingelockt. Zur selben Zeit, wo die religiösen und theologischen Fragen grundsätzlich abgeschnit-ten oder bei Seite gestellt werden, beherrschen sie im Stil-len die Diskussion, fast möchte ich sagen, über jede an-dere Frage auf dem höchsten Lebensgebiete. Es kommt daher, daß der Geist, auch wenn er sich selbst für organi-sirten Stoff erklärt hat, nicht nachlassen kann, die Flügel aus einander zu schlagen, die ihn über den Stoff hinaus tragen sollen; es kommt daher, daß das Menschlichste im Menschen nicht schweigen kann, so lange er nicht in Gott den Einheitspunkt für sein Denken, den Ruhepunkt für sein Gefühl, den Schwerpunkt für jede Wirksamkeit seines Wollens und Handelns fand. Doch was rede ich, als hätte wirklich schon die Theologie ihr Todesurtheil in den drohenden Blicken des Materialismus gelesen! Hat denn wirklich, muß ich fragen, diese Richtung schon das letzte Wort, wie sie ohne Zweifel das höchste führt, und ist es ihr endlich gelungen, von den höchsten Lebenserscheinungen auf dem Gebiete des Geistes, ich sage nicht eine befrie-digende, aber wenigstens eine erträgliche Erklärung zu geben? Ohne Zweifel hat sie einen oberflächlichen und leichtsinnigen Zeitgeist zum Bundesgenossen, aber was beweist das für ihr Recht? Hatte jener Professor der Anatomie in Deutschland denn wirklich Recht, als er seinen Zuhörern bei der Vorlesung einen geöffneten Schädel zeigte und sagte: „Da sehen Sie nun, meine Herren, was dieser Mann seinen Geist zu nennen pflegte"; Recht darum, weil er die Lacher auf seine Seite bekam? Ist es denn nicht mehr wahr, was mir einst ein trefflicher Arzt versicherte, daß beim beginnenden Studium des Menschen der Materialismus etwas unvermeidlich Anziehendes hat (gerade wie der Pantheismus für so manchen Philosophen!), aber daß fortgesetzte und gründliche Untersuchung den ernsten Denker nothwendig wieder über diesen Standpunkt erhebt? Ohne Zweifel geht die Anmaßung des Materialismus weit, aber ist seine Bekämpfung denn so ganz unbedeutend? Sie haben von Moleschott und Büchner gelesen; aber haben, um nur von Theologen zu reden, Männer wie Poulain, Fabri, Naville denn nichts wider ihn vorgebracht, was mit allem Ernst erwogen zu werden verdient? oder, wenn Sie wenigstens Eine Autorität auf einem andern Gebiete genannt hören wollen, hat ein Schroeder van der Kolk für Sie ganz vergebens gedacht und geschrieben und ist die Erklärung des berühmten Liebig so ganz unbedeutend: „Die Ehre der Erfindung, daß Phosphor im Gehirn sei, gehört nicht mir, sondern Herrn Dr. Moleschott an, und ich habe in meinen chemischen Briefen erklärt, daß sie falsch sei, und durch keine einzige Thatsache begründet werden könne" *)? Genug schon;

---

*) Vgl. die Monatsschrift: Der Beweis des Glaubens (1865) II, S. 62; vgl. auch J. von Liebig, Chemische Briefe, (5. Ausg., 1865), S. 292 u. 294.

ich eröffne keine Diskussion, ich gebe blos einzelne Winke und ich richte Ihre Aufmerksamkeit vor Allem darauf, wie unser Jahrhundert den Streit gegen den Materialismus nicht blos im Interesse der Religion, Kirche oder Theologie, sondern im Interesse der Bildung und Menschlichkeit im Allgemeinen mit aller Kraft zu führen hat. Was wird doch, wenn diese Richtung siegen müßte, ich sage nicht von unserer, von jeder Wissenschaft, sondern aus aller Kunst, aus Poesie, aus Liebe — im höheren als sinnlichen Sinne des Wortes —, aus allem Idealen, aus allen Geistesgütern, wofür es schließlich allein der Mühe werth ist zu leben? Schon enthält die Literatur des Tages genug Beweise, daß die hochgerühmte Humanität, die auf der Leugnung der ewigen Divinität gebaut wird, bald in schlecht verhehlte Bestialität ausarten wird, und es könnte endlich wohl so weit kommen, daß die jetzt so verachtete Theologie noch einmal als rettender Engel begrüßt und gebeten würde, sie möge die Menschheit behüten helfen vor dem Abgrund der Verthierung, zu welcher diese mit stets beschleunigter Eile im Namen des Fortschritts fortgerissen war. Wohlan, ihr Männer, liebe Brüder, es kommt darauf an, auch unserer Zeit mit neuer Kraft die alte, aber nie veraltete Wahrheit zu predigen, daß der Schlüssel der höchsten Wahrheit anderswo als im niedern Stoff zu finden ist. Junger Kriegsknecht Christi, tritt getrost in die Streitbahn unserer Wissenschaft und sag' uns: wofür willst du kämpfen? „Für den Geist gegenüber dem Stoff?“ Reich mir die Hand, so lange dieser Streit noch nicht ausgekämpft ist, studiren wir Theologie!

So hat das theologische Studium im Allgemeinen eine psychologische Grundlage, und schon durch diese Bemerkung scheint ihr Bestehen und ihr Recht im Prinzip genügend gewahrt. Doch Sie haben ein Bedenken und sagen: „Berufst du dich auf. die Forderung des menschlichen Geistes, dann müßten Alle schließlich Theologie studiren, was doch eben so wenig möglich als wünschenswerth ist." Wir müssen diesem Bedenken eine gewisse Berechtigung zuerkennen, doch haben wir auch nur noch den ersten Theil unserer Vertheidigung für die tief verkannte Sache geführt, der wir dienen: Hat die erste Stimme, die wir hörten, ihr heiliges Recht noch nicht entschieden, so wirft vielleicht eine zweite nach Ihrem Urtheil ein entscheidenderes Gewicht in die Wagschale. Das zweite Ja auf unsere Frage vernehmen Sie von Seiten des christlichen Glaubens, der nothwendig zum Bewußtsein seines Inhalts zu kommen verlangt und unmöglich aus der Hand des grundsätzlichen Zweifels leben kann. Der Zweifel, o meinen Sie nur nicht, ich hätte kein Auge und Herz für das innere Leiden eines wirklich von dieser Krankheit Ergriffenen. Ehrerbietung, wie vor jeder ehrlichen Überzeugung, so auch vor jedem aufrichtigen Zweifel. Es giebt sehr Vieles, was bei Vielen als Wahrheit gilt, woran mit Recht gezweifelt werden kann; es giebt ein Zweifeln, das in sittlicher Hinsicht viel höher steht als ein gedankenloses Glauben. Was wir aber bestreiten, das ist jene heillose Zweifelsucht, die bei Vielen das Entstehen einer wohlgegründeten, festen Überzeugung schon im Voraus unmöglich macht und nicht blos die Grundlagen des Gebäudes der Theologie unterhöhlt, sondern überhaupt keinen Raum mehr verstattet, irgend welche Fundamente zu legen. Was wir bedauern, das ist das Behagen, womit so Mancher in diesem Zweifel sich gefällt, bei weitem mehr Sympathie für das Nieder-

reißen als für das Aufbauen zeigt und die Negation
nicht blos als eine unentbehrliche Brücke, sondern als den
einzig sicheren Weg betrachtet. Woran wir wohl manchen
hervorragenden Zeitgenossen erinnern möchten, das ist ein
Wort des großen Borger: „Wir leben zu kurz, um lange
zu zweifeln, aber zu lange, um immer zu zweifeln", oder
wollen Sie denselben Gedanken in der Form eines genia-
len, aber beklagenswerthen Kindes dieses Jahrhunderts,
so wähle ich ein Wort Alfreds be Musset: „en présence
du ciel il faut croire ou nier".

Einem solchen prinzipiellen Scepticismus gegenüber, der
nur für keins von beiden sich entscheiden kann und schließlich die Grundlagen aller Religion verwüstet, wird es
doch noch wohl gestattet bleiben, das innerste Heiligthum
des christlichen Glaubens mit all unserer Macht zu vertheidigen. Dieser Glaube besteht ja; er lebt, er wirkt in
den Herzen von Tausenden; er hat — die Liebe gebietet
es zu hoffen — auch in Ihren Herzen begonnen; er
sucht, wo er lebt und wirkt, mit unaufhaltsamem Drange
zum Bewußtsein seines Inhalts zu kommen. Theologie aber, es kann nicht zu oft gesagt werden, ist Wissenschaft des Glaubens; sie geht von einem persönlichen
Glaubensgrundsatz aus, den sie rechtfertigen kann, sucht
sich aber von da aus zu klarer Einsicht in den Inhalt
und Grund des Glaubens zu erheben. Der denkende
Glaube kann nicht nachlassen, sich gegen den Zweifel zu
vertheidigen, denn es gilt hier nichts Geringeres als seine
eigene Lebenserhaltung. „Fides quaerens intellectum",
das ist die Losung der ächten Theologie, und wer nun
diesen Grundsatz verwirft und will, daß wir entweder
wissen sollen, aber dann auch nicht mehr glauben sollen,

ober glauben, aber bann auch von ber Wissenschaft Abstand nehmen, ich will Ihnen zeigen, wem ber gleicht.
Dem Tyrannen, ber einen Wanderer in ber Finsterniß
nöthigt, entweder eine helle Fackel in bie Hände zu nehmen, aber bann auch bie Augen zu schließen, ober boch,
wenn er vorzieht mit offenen Augen zu gehen, bann auch
bie Fackel mit eigenen Händen auszulöschen. Der Glaube
ist bas Auge ber Seele, aber bie Wissenschaft bie helle
Fackel, bie bem Auge in ber Finsterniß vorleuchtet: blos
zusammen vereinigt können beibe uns ihre Dienste leisten.
Es ist in ber That eine sonberbare Idee, baß ber er-
wachte Zweifel bes Jahrhunderts Jemanben abhalten sollte,
bie Bahn bes theologischen Stubiums zu betreten ober
fortzusetzen. Gesetzt einmal, Sie wären in Bezug auf
bie große Hauptsache von Religion unb Christenthum mehr
als je zuvor ins Schwanken gerathen: in so fern bieser
Zweifel kein oberflächlicher ober leichtfertiger ist, wirb er
wohl vornehmlich burch Nachbenken, burch Lektüre, in gewissem Sinn also burch Stubium entstanben sein. Aber wie
kann nächst höherer Hülfe bieser Zustand besser zu Enbe
kommen, als gerabe burch basselbe, woburch er hervorge-
rufen ist, burch fortgesetzte, burch grünblichere Untersuchung?
Mit muthiger Hand hatten Sie ben Spaten in ben Boben
gestochen, worin Viele schon Golbstoff entbeckten, aber
anstatt bes gehofften Golbes noch immer Sanb unb Steine
gefunben. Was bleibt Ihnen übrig, als tiefer zu graben,
bis Sie enblich auf eine Golbaber stoßen, ober besser noch,
auf eine verborgene Quelle lebenbigen Wassers, bie nun
mit unbezwinglicher Macht aus ber erschlossenen Tiefe
Ihnen entgegenquillt? „Wenn ich bas aber nicht mehr
hoffen kann", ruft mir Jemanb muthlos zu. „Aber hast

du", muß ich mit der Gegenfrage antworten, „haft du,
der du deine Untersuchung so sehr in die Breite ausge-
dehnt haft, dich schon genug in die Tiefe versenkt, und ist
denn Alles, was in unserer Zeit (wahrlich nicht zum
ersten Male!) bestritten wird, auch schon für immer gefallen? Sind denn auch etwa neue Quellen entdeckt,
woraus die Unhaltbarkeit des religiösen und christlichen
Glaubens nun endlich sonnenklar einleuchtet, und ist so
Vieles, wie der Zweifel längst behauptet hat, denn auch
siegreich bewiesen? Ist es denn nun ausgemacht — um
etwas von dem Vielen zu nennen — daß der anorga-
nische Stoff organische, fühlende, denkende Wesen hervorbringen kann und daß man die Anerkennung eines persönlich lebenden Gottes zur Erklärung des Welträthsels
nicht einmal bedarf? Ist es denn ausgemacht, daß die
Person und das Werk Christi auf dem Standpunkte des
modernen Naturalismus befriedigend erklärt werden kann,
ohne daß man Willkühr sonder Gleichen unter der schönen
Losung von Wissenschaft treibt? Ausgemacht, daß die
Evangelisten nicht mehr unser Vertrauen verdienen und
daß namentlich das vierte Evangelium den Charakter einer
romantischen Legende zeigt? Ausgemacht — um nicht
mehr zu fragen —, daß eine besondere göttliche Heilsoffenbarung zur Errettung einer verlorenen Welt undenkbar, unerkennbar, vollständig unbeweisbar ist und daß
jede Stütze, die der Mensch im Übernatürlichen sucht, nur
ein eitler Rohrstab ist, der zerbricht und ihm in den Abgrund eines bodenlosen Nichts entfällt? „Das möchte ich doch
nicht behaupten", sagt Jeder, nach dessen Urtheil die schöne
Tugend der Bescheidenheit noch etwas anderes als eine
antidiluvianische Seltenheit ist. „Das muß ich unter-

suchen", fügt ein Anderer mit lebhaftem Interesse hinzu, weil solche Fragen nach seiner Meinung zu Lebensfragen geworden sind, und schaut sehnsüchtig nach der Gelegenheit aus, selbst das Recht zu prüfen, womit so lästerliche Behauptungen in so hochfahrendem Ton ausgesprochen und — nachgesprochen werden. Vortrefflich! Du willst untersuchen? Du bist gerade ein Mann nach unserem Herzen; solche Theologen bedürfen und wünschen wir. Der Zweifel muß den Wissensdurst nicht auslöschen, sondern reizen: das Correktiv des Übels liegt in derselben Richtung, woher es entsprungen ist. Junger Kriegsknecht Christi, tritt getrost in die Streitbahn unserer Wissenschaft und sage uns: wofür willst du kämpfen? „Für den Glauben gegenüber dem Zweifel?" Reich mir die Hand, so lange dieser Streit noch nicht ausgekämpft ist, studiren wir Theologie!

„Aber" — was für ein Aber? Sie weisen mich doch nicht auf den Schaden hin, den die Wissenschaft möglicher Weise dem Glauben, auch dem Glauben der Kirche zufügen könnte; Sie reden doch nicht von der Möglichkeit, daß man auf diesem Wege verlieren könnte, was man aus verschiedenen Gründen lieber erhalten sähe? Freilich, gegen diese Gefahr kann keine menschliche Macht uns behüten. Man kann schwerlich schwimmen lernen, ohne muthig ins Wasser zu gehen, worin dieser und jener ertrinkt; man kann die Wahrheit nicht verstehen und vertheidigen lernen, ohne daß man mit ihren Bekämpfern in sehr nahe Berührung kommt, und scharf sind die letzteren bewaffnet. Und doch wiederholen wir getrost unser Ja auf die Frage: „Theologie studiren oder nicht", denn wir vernehmen darin ja schließlich die Stimme der evangelischen Kirche, die ihre wahren Interessen begreift. Ich entscheide nicht, in wie

fern im Schooße des römischen Katholicismus die wissenschaftliche Bildung der Geistlichkeit ein hors d'oeuvre,
ein thesaurus supererogationis genannt werden kann
oder nicht. Genug, für die verschiedenen Abtheilungen
der evangelischen Kirche ist sie nichts weniger als ein
Lebensbedürfniß. Wissenschaft und Glaube müssen auch
im Interesse der Kirche auf die Dauer unzertrennlich zusammengehen: das Hinsterben der ersteren führt auch zu
gewissem Verderben des letzteren. Julian der Abtrünnige
wußte wohl, was er that, als er die Ausbildung der
christlichen Lehrer in den gelehrten Schulen bekämpfte.
Die Jesuiten hatten wohl den rechten Angriffspunkt ins
Auge gefaßt, als sie den höheren Unterricht der Protestanten in Ungarn mit aller Macht untergruben. Ja,
nicht blos Rom, sondern auch und mehr noch der Unglaube unserer Zeit würde nicht wenig Grund zum Jubeln
erhalten, wenn es je so weit käme, daß die heilige Theologie ganz aus dem Schwesterkreis der akademischen Wissenschaften verbannt und das schöne Band zerrissen würde,
welches sie mit dem Studium namentlich der alten Spra-
chen, der Geschichte, der Philosophie verbindet. Ob ich
denn blind sei für die Gefahren der akademischen Ausbildung und gar nicht besorgt für den unheilvollen Einfluß, den eine von Christo abwendige Wissenschaft auf
die künftigen Diener der Kirche ausüben könnte? Keineswegs, aber ich behaupte, daß die unbestreitbaren Vortheile
der akademischen Ausbildung die möglichen Nachtheile derselben noch immer aufwiegen, was sage ich, sie weit über-
treffen. Ich bezweifle, daß der kirchenzersetzende Einfluß des
Zeitgeistes, der überall durchbringt, gehemmt werden könnte,
wenn man statt des hellen Lichtes der Universitätssonne

ben sicheren Schatten einer beschränkteren Bildungsanstalt
sucht. Ich preise mein Vorrecht, daß ich an einer hohen
Schule Theologie lehren darf, wie dieser, von welcher noch
das Zeugniß gelten darf, das Cartesius vor zweihundert
Jahren unserem Vaterlande gab: „y a-t-il un pays
dans le monde, où l'on soit plus libre, où le som-
meil soit plus tranquille, où il y a moins de danger
à craindre?" Die Freiheit in der Ausübung der theologischen Wissenschaft an der Universität, ich weiß es, sie
kann in jämmerliche Zuchtlosigkeit ausarten, und bin weit davon entfernt, die natürliche Verbindung zu vergessen, worin
die Theologie mit der Kirche des Herrn gesetzt ist, deren Hirten und Lehrer sie bildet. „Qualis ecclesia, talis theologia", dem kann schwerlich widersprochen werden. Nach
meiner innigsten Überzeugung muß darum von Jedem,
der hier Unterricht giebt, nicht blos verlangt, sondern ge-
fordert werden, daß er mit einem guten Gewissen seine
Stelle in der Kirche einnehme, der er mit dem Lichte seiner
Wissenschaft dient und von dem, der Unterricht empfängt,
daß er die heilige Bestimmung seines Lebens und Wirkens
nie aus den Augen verliere. Aber andererseits die Wissenschaft zu zwingen, daß sie nichts anderes aussprechen soll,
als was die Kirche ihr vorgesagt hat, das geht doch auch
wahrlich nicht an, und jämmerlich würde die Kirche ihren
eigenen Beruf, ihre höchsten Interessen verkennen, wenn
sie in Ernst verlangen könnte, lieber gehörig abgerichtete,
als wissenschaftlich gebildete und selbstständig entwickelte
Vorgänger in ihren Dienst zu bekommen. Die Universität ist nun einmal keine Werkstätte, worin Automaten in
einander gesetzt werden; die Theologie ist nun einmal kein
Katechet, der seinen Schülern die Antwort vorsagt, die

man bei der Aufnahme der Confirmanden erwartet und
von ihren Lippen zu hören verlangt. Gesetzt daß eine,
ich sage nicht irreligiöse, frivole, von Vorurtheilen befangene,
sondern eine ernste, gründliche, rastlos wirkende und
betende Wissenschaft, mit Einem Wort eine Wissenschaft,
welche die Weihetaufe eines persönlichen Glaubens em-
pfangen hätte und nun immer tiefer in das geoffenbarte
Geheimniß des Evangeliums einzubringen suchte; gesetzt,
sage ich, daß eine solche Wissenschaft auf dem einen oder
anderen wichtigen Punkte zu einer modifizirten Einsicht in
irgend einem Theil der Wahrheit gekommen wäre (was
denn auch vermöge seiner innerlichen Kraft seinen Weg
durch die Welt wohl finden würde): sollte es dann wirklich für die Gemeinde des Herrn ein Gewinn sein, daß
sie ihre Augen für dieses Licht verschlösse, blos weil sie
die Dinge bis dahin noch nie so·begriffen hatte? Sie
würde dann jenem Naturforscher eines früheren Jahrhunderts in Pisa gleichen, der seine angenommene Theorie
in Betreff der Trabanten des Jupiter ernstlich von Gali-
lei's System bedroht sah und sich darum hartnäckig wei-
gerte, das Kunstglas in die Hand zu nehmen. Was
wahrhaftig wahr ist, das läßt sich auf die Dauer nicht
leugnen, mag Jeder auch die Augen verschließen, der bei
der Leugnung ein scheinbares Interesse hat; was im
Grunde unhaltbar ist, das läßt sich auf die Dauer nicht
festhalten, mag es auch von allen kirchlichen und welt-
lichen Autoritäten gestützt werden. Fürwahr, einen andern
Grund, als der einmal gelegt ist, kann Niemand legen,
und die Entwickelung der christlichen Gnosis, die ihrem
Ideal entsprechen soll, wird nicht den Charakter der Revolution, sondern der Evolution zeigen. Doch nach Ent-

wickelung in letzterem Sinn zu streben ist dann auch der heilige Beruf der Gemeinde, den sie immer nur zu ihrem eigenen Schaden und doch — nur zu oft vergißt. Ich sage das mit um so größerer Freimüthigkeit, weil meine persönliche Glaubensüberzeugung auch gegenüber den Negationen von Heute Vielen von Ihnen nicht unbekannt ist; aber, gleichwie es einen unheiligen Liberalismus giebt (himmelweit verschieden von ächt christlicher Liberalität), so giebt es auch einen trägen, tauben, kranken Conservatismus, der in seiner träumerischen Ruhe gar nichts von den Zeichen der Zeit begreift und dem heiligen Geist widersteht. Dem gegenüber muß es mit Nachdruck betont werden: „Auch für die Kirche des Herrn liegt der Weg nicht rückwärts, sondern vorwärts." Bei der von Gott gewollten Entwickelung des christlichen Denkens und Wissens ist auch die Gemeinde des Herrn interessirt, damit sie nach ihrem Berufe nicht stillstehe, nicht zurückbleibe, sondern fortschreite an der Spitze der Menschheit. Will sie nicht hinter ihrer Bestimmung zurückbleiben, so muß sie darum nicht blos dulden, sondern verlangen, daß sie Hirten und Lehrer empfängt, welche auf die Fragen und Klagen des Kindes dieses Jahrhunderts noch mit etwas Anderem antworten können, als mit einer auswendig gelernten Lektion. Nicht durch Ignoriren, Abschließen, Verurtheilen kann für sie unschädlich gemacht werden, was man gegen das Evangelium vorbringt, sondern durch eine rastlos fortgesetzte Untersuchung, noch mehr und vor allem noch besser als früher. Was besorgt man, daß diese Untersuchung, wenigstens wenn sie mit dem feurigen Gebet um den Geist der Wahrheit sich paart, ihr dauernden Schaden bringen könnte? Diese Furcht verräth einen jämmerlichen Kleinglauben; wir vermögen schließlich nichts gegen die Wahrheit, sondern für sie und gerade durch die Freiheit gewinnt sie, gleichwie sie wiederum zur wahrhaftigen Freiheit führt. Von dieser fortgesetzten Untersuchung hat nicht die Kirche, sondern gerade der Unglaube, der sie verwüstet, das Ärgste zu fürchten. Die Wahrheit wird in Folge davon desto besser verstanden, desto kräftiger vertheidigt, desto höher geschätzt, desto gewisser und frischer erlebt und bekannt werden. Treten Bedenken auf, vor denen man einen Augenblick ehrlich, bisweilen ängstlich stillstehen muß, man sei getrost, eine Lösung wird später gefunden werden und wenn nicht, so wird der Irrthum selbst uns auf die Spur einer neu entdeckten, einer tiefer aufgefaßten Wahrheit leiten. Zur Noth mögen Holz, Heu und Stoppeln, die an dem Tempel der Wissenschaft angebaut sind, in der unerbittlichen Feuerprobe erliegen, das Gold kommt desto schöner hervor und jedes geläuterte Goldkorn bereichert schließlich die Krone Christi und auch den Schatz seiner Gemeinde, denn Alles gehört ihr, weil sie Ihm zugehört, „in welchem alle Schätze der Weisheit und Erkenntniß verborgen sind". O herrliche Aussicht, zu diesem Wunderbau der Jahrhunderte auch nur einen einzigen Stein beitragen zu dürfen und also Mitarbeiter Gottes an der Kirche der Zukunft zu sein, wodurch allein die Zukunft der Kirche gesichert wird! Noch einmal, junger Kriegsknecht Christi, tritt getrost ein in die Streitbahn unserer Wissenschaft und sage uns: „Wofür willst du kämpfen? Für ächten Fortschritt gegenüber dem Rückschritt oder dem todten Conservatismus?" Reich mir die Hand; so lange dieser Streit noch nicht ausgekämpft ist, studiren wir Theologie!

Gegenüber dem mehrstimmigen „Nein" hat das wie-
berholte „Ja" sich für Ihren Verstand gerechtfertigt und
in Ihrem Herzen Wiederhall gefunden. Doch, Sie fühlen
selbst, dieses letzte Wort kann in unserer Zeit unser aller-
letztes nicht sein. Zu dem Ja kommt ein unabtrennliches
Jedoch, sogar mehr als Ein Jedoch. Indeß beruhigen Sie
sich; ich habe zu viel Respekt vor der Zeit, um ihrer
Grenzen ganz zu vergessen. Von dem Jedoch will ich das
wenigste verbolmetschen, das meiste von jener inneren
Stimme aussprechen lassen, die, dessen bin ich gewiß,
mein Wort nicht blos wiederholt, sondern auch besiegelt
und ausbreitet.

Theologie studiren? O ja, jedoch wohlbedacht.
Das ist wohl das Erste, woran ich mit freundlichem Ernst
erinnern darf, denn was sollte der Kirche und der Wissenschaft unserer Zeit mit wohlgesinnten, aber unbedachtsamen
Kämpfern gedient sein, die man nicht auf den Kampfplatz treten sehen könnte, ohne unwillkürlich zu denken: „sie
wissen nicht, was sie thun"? Über dem Universitätsthor zu
Bern las ich unlängst die Inschrift: „μηδεὶς βέβηλος
εἰσίτω"; man möchte es mit goldenen Lettern über jeden
akademischen, vor allem über jeden theologischen Hörsaal
schreiben: „Kein Ungeweihter trete herein." Wie wäre es
möglich, daß man sich später über seine Wahl nicht bitter
beklagte, wäre diese Wahl aus einem weniger edeln Prinzip
entflossen, oder würde der, welcher die Wahl that, von
einem Geist geleitet und beherrscht, der alle Hoffnung auf
fruchtbares Studium hier und segensreiche Wirksamkeit später
schon im Voraus unmöglich machte? Große Forderungen
hat die gegenwärtige Zeit an den Theologen auch im
praktischen Wirkungskreise zu stellen. Die Gemeinde muß in

Betreff der wichtigsten Lebensfragen aufgeklärt werden: wie werden Sie das vermögen, wenn es Ihnen an verständiger Einsicht, an persönlicher Überzeugung, an geistlicher Reife fehlt? Die Gemeinde muß in ihrem heftig bekämpften Glauben gestärkt werden: wie werden Sie's können, wenn Sie selbst dem Rohre, das vom Winde hin und her bewegt wird, gleich sind und bleiben? Die Gemeinde muß zu einer tieferen und fruchtbareren Erfassung der Wahrheit, „in ihrem Wesen Frucht der Zeiten, in ihrer Form von dieser Zeit", und dabei in ihrer Anwendung unerschöpflich reich fortgebildet werden: wie soll sie unter Ihrer Leitung dazu kommen, wenn das Evangelium nicht täglich mehr für Ihre christliche Gnosis wird, was es (Gott gebe es!) schon für Ihren Glauben geworden ist? In der That, hier wird ein schwerer Streit zu bestehen sein und es gilt wie von Gideon's Heerlager: „Wer blöde und verzagt ist, der kehre um." Nicht blos um viele, sondern vor allem um gute, stets bessere Führer ist es der Kirche des Herrn zu thun. Sie hat ein Recht zu fordern, daß ihr kein anderes als das apostolische Evangelium geprebigt werde, geprebigt auch von Ihnen, auf daß sie nicht zu klagen brauche: „Der mein Brod isset, der tritt mich mit Füßen." Doch sie hat zugleich ein Recht, zu erwarten, daß was Sie ihr als bewährte Wahrheit verkünbigen, auch in Ihnen und für Sie zu Wahrheit und Leben geworden sein wird, denn nur persönliches Leben weckt Leben, und weniger auf die Rechtgläubigkeit als auf die Rechtgläubigkeit kommt es an allererster Stelle an. Meine Herren! wir leben in einer Zeit von vielerlei Kritik, aber Sie fühlen es mit mir, die Selbstkritik über Vieles und Vielerlei, namentlich über Prinzip und Zweck ihrer Wahl thut besonders auch für junge Theologen noth. Baco sagt einmal: „Einige suchen in der Wissenschaft ein Ruhebett, worauf ihr ruheloser Geist sich ausstrecken kann, noch andere einen Thurm, von dem sie trotzig nach unten sehen; andere eine Burg, worin sie kämpfen, noch einige einen Kauflaben und eine Werkstätte, worin sie handeln, verkaufen, verdienen. Einzelne nur eine reiche Schatzkammer Gottes, eine Waffenrüstung zu seiner Ehre und zum Heil des Menschen." Meine Freunde, die Hand aufs Herz, was suchen Sie? Davon hängt es zunächst ab, was Sie hier finden werden und was Sie später sein werden!

Aber haben Sie gewählt? Dann habe ich ein zweites Jedoch. Theologie studiren? O ja, jedoch wohlge-rüstet. Unsere Zeit hat große Gefahren; Gefahren für die Kirche, für die Wissenschaft, aber an erster Stelle für unser eigenes intellektuelles, sittliches und geistliches Leben, wofür wir nicht blind bleiben dürfen. Hier die Gefahr der Oberflächlichkeit, die sich mit Klängen für Sachen zu-frieden stellt und vergißt, daß es uns nicht blos darum zu thun sein muß, viel zu wissen, sondern vor allem wohl zu wissen. Dort die Gefahr der Einseitigkeit, die das Wahre und Gute blos auf Einer Seite sehen will und sich gegen die wohlthätige Entwickelung abschließt, die aus der Reibung mit anderen Ansichten hervorgeht. Dann die Gefahr der Übereilung, welche die Früchte der Unter-suchung pflücken will, bevor die Zeit sie gehörig reifen ließ: als ob das „Gefunden" die geringste Bedeutung auf den Lippen dessen hätte, der nicht einmal ernstlich gesucht hat. Ferner die Gefahr der Leichtfertigkeit, der Mangel an Ernst, der über die heiligsten Dinge in einem

Tone disputirt, als gälte es blos ein eitles Spielen mit Begriffen, und nicht ein Heiligthum, das nur mit gewaschenen Händen berührt werden darf. Weiter — doch was thue ich? Ich wollte Ihnen den Weg aufschließen und ich zeige Ihnen „einen Löwen auf den Straßen". Nun, ich weiß es, Sie sind die Faullenzer nicht, die darum zurückbleiben wollen, die Feiglinge nicht, die darum zurücktreten werden. Ich bin befriedigt, wenn ich Ihre Überzeugung bestärkt habe, wie nothwendig es ist, wohlgewaffnet zu sein und zu bleiben, wenn Sie wenigstens keine Sklaven des Zeitgeistes zu sein wünschen, vielmehr seine Führer, wenn's nöthig, auch seine Ärzte werden wollen. Was die Waffen angeht, so verstehen Sie mich, wenn ich von der „geistlichen Waffenrüstung des Christen" rede, die auch dem Theologen wohl ansteht. Nur über die Weise, sie zu gebrauchen, noch dies: sehen Sie vor allem zu, liebe Freunde, daß Sie sich nicht durch schöne Klänge verführen lassen. Halten Sie nicht alles für Wissenschaft, was sich oft hochfahrend als die Wissenschaft ausgiebt und bei näherer Prüfung vielleicht als baare Willkühr erscheint. Üben Sie Kritik, aber auch über die Kritik selbst, so oft sie als Tonangeberin auftritt. Nehmen Sie nicht zu schnell Partei im Streite von Parteien und Meinungen, sondern warten Sie Ihre Zeit ab und — würdigen Sie dieselbe. Es ist mit den schönen Universitätsjahren wie mit den Sibyllinischen Büchern nach der bekannten Erzählung, deren Preis nicht sank, als ein Theil in die Flammen geworfen war; der Werth nimmt zu, je mehr die Zahl abnimmt. Aber vor allem, seien Sie auch dem Zeitgeist gegenüber Sie selbst und halten Sie Ihre Selbstständigkeit zu hoch, um sie an Jemanden oder an Etwas zu verkaufen. Auch ich werde Ihnen meine Überzeugungen nicht auflegen, noch weniger dieselben aufdrängen; stimmen wir später auf guten Gründen überein, desto besser, aber vor allen Dingen müssen Sie anfangen, mit eigenen Augen zu sehen. Doch nicht wahr, wenn es Ihnen gelingen sollte, auf diesem Wege die Wahrheit zu finden, wodurch und wofür allein man leben kann, dann wollen Sie dieselbe auch ergreifen, auch festhalten, auch vertheidigen, stünden Sie auch — doch wird das nicht der Fall sein — zu guter Letzt allein? Wohl Ihnen, wenn Sie das thun und bis ans Ende in der Laufbahn beharren, das schöne Wort des Alterthums vor Augen: „Veritatem sequi, justum colere, nil extimescere!"

Nichts fürchten? Nein, durchaus nichts, so fern wir wohlbedacht und wohlgewaffnet begannen. Nichts, Ein Wort ausgenommen und das ist denn auch wirklich mein letztes. Theologie studiren? O ja, jedoch wohlgemuth. Wohlgemuth, wahrscheinlich kostet es mich mehr Mühe, dies Wort auszusprechen, als Sie es anzuhören. Nichts würde mir leichter fallen, als vor Ihnen ein dunkles Bild von Vielem aufzurollen, das jeden Freund der Kirche und Wissenschaft mit gerechter Besorgniß erfüllt. Doch Sie werden das nur gar zu bald aus der Nähe kennen lernen und heute bei der Wiederaufnahme meiner Arbeit möchte ich mit keinem niedergeschlagenen Antlitz zu Ihnen reden. Heikelig sind in mancher Hinsicht die Zeiten, aber — der Herr der Zeiten ist Gott. Wir dürfen außerdem das Auge vor manchem günstigen Zeichen nicht schließen und am wenigsten übersehen, daß in dem Maaße, als die streitenden Parteien sich schärfer markiren, auch das Schlachtfeld desto besser übersehen und die Wahl eines eigenen Standpunktes bis auf einen gewissen Grad erleichtert wird. Die Öffentlichkeit in allem hat auch auf unserem Gebiete ihre günstigen Seiten; der Unterschied zwischen dem modernen Naturalismus und dem evangelischen Christenthum tritt auch auf diesem Wege mehr und mehr ans Licht, und es wird immer offenbarer, wie die Versöhnung, welche der erstgenannte zwischen Glauben und Wissen stiften will, in ihrer consequenten Entwickelung zur Vernichtung alles religiösen Glaubens führen muß. Nach meiner Ansicht wird das ans Licht Treten so manches Übels die Genesung befördern. Von manchen Krankheitserscheinungen in der kirchlichen und theologischen Welt scheint die Krisis nahe, von mancher andern ist sie vielleicht schon vorüber. Die Sprachverwirrung nimmt ab; die Ehrlichkeit im Aussprechen der widerstreitendsten Meinungen nimmt — einzelne Ausnahmen abgerechnet — zu. Man weiß und zeigt allmälig mehr, was man will, und kleiner wird die Zahl der theologischen Amphibien, die mit der Fledermaus bei Lafontaine uns zurufen:

„Je suis oiseau, voyez mes ailes,
Je suis souris, vivent les rats.“

Gab es selten oder vielleicht nie eine schwierigere Zeit für das theologische Studium, so ist sie doch ungemein geeignet zur Bildung des theologischen Charakters; es ist eine Zeit, die nicht allein „zur Entscheidung“, sondern auch „zur Entschiedenheit“ drängt. Überdies beginnt die negative Kritik, die bis dahin vorzugsweise im Niederreißen ihr Heil gesucht hat, jetzt auf ihre Weise zu bauen und wird selbst uns die Hand bieten, um es endlich auszumachen, in wie fern durch das Adjektiv „modern“ das

ganze Substantiv „Theologie" vernichtet wird oder nicht. Erklärungen sind in der letzten Zeit gerade von jener unbedachtsamen Seite gefallen, wovon es der Mühe werth ist Akt
zu nehmen, z. B. „daß Religion ohne Supranaturalismus ein Hirngespinnst" *) genannt werden darf; daß die
modernen Theologen „ein dissolvens für einen verbin-
denden Cement bei ihrem Bau gehalten haben" **) u. a. m.
Der Glaube an die Berechtigung mancher stolzen Negation,
der hier und da zu einem kläglichen Aberglauben wurde,
beginnt auf manchen Punkten zu wanken. Mannigfaltiger
werden die Zeugnisse, die man in allerlei Form zu Ehren
der verkannten Wahrheit vernimmt und die in immer
weiteren Kreisen lauteres Echo erwecken. Alte Formen verfallen, aber auch frische Kräfte entwickeln sich, und schließlich
kann man doch nicht sagen, daß es unserer Zeit an ge-
wecktem religiösen, kirchlichen, wissenschaftlichen Leben fehle.
Heftig ist der Kampf, aber nicht hoffnungslos; auch die
christliche Theologie, die bei ihrer Untersuchung von der
gläubigen Anerkennung des Übernatürlichen ausgeht, wie
es in Christo geoffenbart und erschienen von Schrift und
Erfahrung bezeugt wird, sie hat, ich bin davon überzeugt,
eine Zukunft, die schöner als ihre Gegenwart und ihre
Vergangenheit sein wird. Wird diese Aussicht verwirklicht
werden und keimt das Licht eines schöneren Tages bereits
in den Wolken, die wir jetzt auf allen Seiten hängen
sehen? Junge Theologen, es wird nächst Gott auch von
Ihnen abhängen; von Ihnen, auf welche so viele Blicke

---

*) Pierson.
**) Busken — Huet. Beide sind Vertreter der „mo=
dernen" Theologie in Holland.

von Nah und Fern mit froher Erwartung oder stiller Sorge gerichtet sind. O, ich bitte Sie, täuschen Sie die Hoffnung nicht und stärken Sie sich mit christlichem Muth und sittlichem Ernst zu dem wachsenden Kampf, der Ihrer harrt! Um aber wirklich stark zu sein, müssen wir erst eigene Schwachheit ergründet und bekannt haben; um das Haupt jedem Feinde gegenüber muthig zu erheben, muß es zuvor tief vor Gott gebeugt werden. Vor reichlich hundert Jahren hielt ein Professor zu Leyden seine Inaugurationsrede: „De theologo non vere orthodoxo, nisi vere pio." *) Der Mann wurde deßhalb in jener Zeit von einigen Seiten verketzert, aber wie weit besser würde sich unsere Zeit dabei stehen, wenn diese Ketzerei unter uns immer mehr Anhänger fände! Ach, auf dem Acker unseres Herzens sind die Wurzeln unseres religiösen und unseres sittlichen Lebens so dicht in einander verschlungen! Spricht nicht ein Apostel des Herrn von Etlichen, „die an ihrem Glauben Schiffbruch gelitten haben, weil sie ihr gutes Gewissen verloren hatten" **)? Sie verstehen mich — o meine Herren, dieses ganze Universitätsjahr wird das „labora" Ihnen unaufhörlich, vielleicht nicht immer eben lieblich entgegenklingen: Gestatten Sie wenigstens heute in Ihren Herzen eine Stelle für das vielbezeichnende „ora". Die höchste Wahrheit wird erst da erkannt, wo die Studirstube zugleich Betkämmerlein ist im christlichen Sinne des Worts; die wahre Weihe empfängt unsere Wissenschaft dann erst, wenn die Untersuchung gleichsam behaucht wird von dem täglichen Gebet

---

*) Ewaldus Hollebeek.
**) 1 Tim. 1, 18.

um ben Geift, ber lebenbig macht. Auch auf biefes Wort erklingt in Ihrem Innern ein Amen unb Sie lächeln nicht, nein, sonbern Sie beten? Heil Euch, Ihr Männer, liebe Brüber, ein Universitätsjahr, betenb begonnen, werben Sie gesegnet burchleben, bankbar beschließen unb einst in froher Erinnerung haben. Wer weiß, nach Jahren sagen Sie bann auch vielleicht bei sich selber: „Einst an einem Septembermorgen bes Jahres 1865 wurde ich gefragt: ‚Sollen wir noch Theologie stubiren ober nicht?‘ Aber was mich auch reut, bies in Ewigkeit nicht, baß ich bamals unb mein ganzes Leben hinburch geantwortet habe: ‚Ja, ich von ganzem Herzen.‘“ So sei, so werbe, so bleibe es unb bas sei bas Amen Gottes auf bas sinnreiche Gebet unserer Jugenb:

Sol Justitiae, illustra nos!

III.

Welche Theologie ist im Stande, die Stürme dieser Zeit zu bestehen?

—— ..

September 1866.

Meine Herren!

Mein erstes Wort ist ein Wort des Dankes gegen Gott, dessen gütige Hand uns mitten in drohender Todesgefahr beschirmt und wohlbehalten wieder hieher geführt hat. Mein zweites ein Wort des Willkommens an Sie, Veteranen und Tirones, die Sie nach genossenen Sommerferien hoffentlich erquickt und gestärkt hier Arbeit und Streit wieder aufnehmen wollen. Und das Dritte, soll es sogleich ein Wort fortgesetzter Lehre sein und soll ich ohne Weiteres den Faden meiner wissenschaftlichen Untersuchung wieder da aufnehmen, wo er vor drei Monaten abgebrochen wurde? Mich dünkt, es würde Sie etwas befremden, wenn ich heute schon sogleich in einen speziellen Gegenstand der mir anvertrauten theologischen Fächer einginge, ohne Ihren Blick einmal auf das Allgemeine zu richten. Wiedereröffnung der akademischen Vorlesungen ist in Ihren Augen noch etwas anderes als bloße Wiederaufnahme dieser Vorlesungen, und auch ich kann es nur billigen, wenn Sie in einer Stunde, wie dieser, noch etwas mehr von mir erwarten, als — einen neuen Paragraphen in die Feder. Es ist so natürlich, daß der Wettläufer, der den Schlagbaum wieder aufgehoben sieht,

6 *

die Laufbahn mit dem Auge mißt, noch ehe er sie mit dem Fuße betritt. Oder wollen Sie ein anderes Bild? Oft hatten wir zusammen wie emsige Bergleute mit der Sicherheitslampe in den Händen in die dunklen Erd=schachten hinabzusteigen und die uns anvertraute Mine zu durchgraben, worin, wie man uns sagt, Gold zu finden sein muß. Aber heute wollen wir gleichsam in der Vogelperspektive das Gebiet überschauen, das unser wartet, heute uns auf eine Anhöhe stellen, von wo das gelobte Land vor unsern Blicken sich ausbreitet und ruhig den Arbeitsplan abgrenzen, noch ehe die Hand an's Werk greift.

Und wie viel schwebt mir da vor der Seele, das bei einer Gelegenheit, wie dieser, besprochen zu werden in hohem Maaße verdient! „Bauen und vertrauen", mit dieser Losung habe ich den neuen Zeitabschnitt begrüßt *), doch wie geweckt unsere Stimmung dabei auch war, sie läuft Gefahr unfruchtbar zu bleiben, wenn sie nicht in der rechten Richtung fortgeleitet wird. Genügt es doch namentlich auf unserem Gebiete nicht, daß wir des Ab=brechens überdrüssig sind und so viel als möglich auf=bauen wollen, mit Anspannung aller Kräfte. Es gilt die sehr nachdrückliche Frage, auf welchem Fundament, mit welchen Baumaterialien, neben welchen Bundesgenossen, nach welchem Bauplan wir arbeiten. Was nützte uns Nehemia's Wächterruf, wenn wir versäumten, uns an dem Beispiel des Mannes in dem wohlbekannten Gleich=niß zu spiegeln, der seinen Thurm zu bauen anfing, aber

---

*) Neh. 2, 20 war der Text der Predigt, womit ich am letzten Montage das neue Universitätsjahr eröffnete.

Berechnung der Kosten vergaß und nur gar zu bald verspottet ward, weil er seinen Plan nicht ausführen konnte*)!
Sorgfältige Überlegung war niemals weniger überflüssig als
in unseren Tagen, die so reich an Erschütterungen, Auf-
lösungen, Übergängen auch auf theologischem und kirchlichem Gebiete sind, daß wir in dieser Hinsicht ihres Gleichen
in der ganzen Geschichte des Christenthums vergebens
suchen. Was ist schon vor unsern Augen gebaut, das
für Jahrhunderte bestimmt schien, und siehe, es hat kaum
Jahre gebauert! Wie manches Fundament schien unerschütterlich in die Erde gelegt und doch, wie schnell zeigte
es sich als ein glänzender Sandgrund, der beim Wehen
des ersten besten Sturmwindes zerstob! Mancher Bau-
meister überlebt in unserm Jahrhundert das Gebäude,
das er im Schweiße seines Angesichts aufrichtete; mancher
Andere findet in der zweiten Hälfte seines Lebens nichts
besseres zu thun, als die Bausteine wegzuräumen, die er
in der ersten mit so vieler Mühe und Sorge zusammen-
gebracht hatte. Wird es auch so gehen — die wehmüthige
Frage ist natürlich — mit dem Hause, das wir aufzurichten gedenken und wofür wir, wie einst der fromme
König von Israel, „Cedern und Tannen und Holz in
Menge" zusammenbringen, damit es „groß und wunder-
bar" werde? Wichtige Frage, für mich nicht blos, sondern auch für Sie, meine Herren. Im vorigen Jahre,
Sie erinnern sich, stellten wir bei dieser Gelegenheit die
Frage auf: „Sollen wir noch Theologie studiren oder nicht?"
und unsere bejahende Antwort, die wir aufrichtigen und
frohen Herzens gaben, haben Sie durch Thaten bestätigt.

*) Luc. 14, 28—30.

Nach dieser Frage drängt sich von selbst eine andere, nicht minder wichtige auf. Welche Theologie soll es sein, der wir Leben und Kraft weihen wollen? oder, etwas bestimmter formulirt:

„Welche Theologie ist im Stande, die Stürme dieser Zeit auszuhalten?"

Sie denken gerne mit mir darüber nach, so weit die Kürze der Zeit es gestattet, denn wahrlich, wenn irgendwo, wird das bekannte „tua res agitur" gelten.

Die Frage, die ich bespreche, setzt etwas voraus, [das nicht wenig interessant, aber zugleich von der Art ist, daß man es weniger Hypothese als Axiom nennen kann; nämlich, daß es stürmt, lauter als sonst stürmt in unserer Zeit; doch wer von uns war so harthörig, daß er es nicht schon oft mit steigendem Interesse bemerkte! Der Kanonendonner der jüngsten Wochen mochte uns das Brausen des gewaltig getriebenen Windes für eine kurze Weile vergessen lassen; kaum ist der Friede wieder hergestellt — und der Streit der höchsten Lebensprinzipien fesselt auf's neue unsere Aufmerksamkeit. Ja freilich, Nebel von allen Seiten, aber mitten in diesem Nebel ein Sturm von Unglauben, Zweifel, Verneinung, dem scheinbar nichts mehr widerstehen kann. Die Welt um uns her gleicht dem See Genezareth, als einst in dunkler Sturmnacht Jesu Jünger über denselben fuhren; aber für viele unserer Zeitgenossen, wie für sie ist der Herr, der in stiller Majestät über die wildbewegten Gewässer hinschreitet, eine fremde Gestalt, nein, ein räthselhaftes Gespenst geworden. Manches Herz, von innerem Zwiespalt zerrissen, wird, wie nie zuvor, hin- und hergeworfen, und die christliche Kirche — ach, es heult ein Sturm über das noch unvollendete Gebäube, der die Jahrhunderte alten Wände aus einander reißt und auch Pfeiler niederreißt, die unbeweglich fest zu stehen schienen. Nicht blos für die römische Kirche ist eine Prüfungszeit angebrochen, die Manche zu der Frage veranlaßt, ob wir etwa bald den Fall des ganzen Papstthums erwarten dürfen. Auch die evangelisch=protestantische befindet sich im Zustande einer Krisis, deren Folgen sich noch nicht berechnen lassen, während der wachsende Eindruck sich festsetzt, daß es so unmöglich bleiben kann. Die Kluft, welche die Vertreter des apostolischen Christenthums und des modernen Naturalismus in denselben Gemeinden von einander trennt, tritt immer mehr als ein Abgrund hervor. In Folge des ungezügelten Individualismus ist eine vollständige Anarchie, ich sage nicht einmal im Glauben, sondern in den Gedanken vieler entstanden, die oft unwillkührlich zu der Frage drängt: wie kommt es je wieder zur Einheit? So leicht hie und da das Annektiren auf politischem Gebiet geworden zu sein scheint, so schwierig erscheint es in höherer Sphäre: hier erheben sich Scheidemauern, dort sinken Trümmerhaufen nieder; aber wer errichtet ein dauerhaftes Gebäude? Auf dem Gebiete der Weltgeschichte sehen wir Thatsachen geschehen, die ihren Einfluß auch auf das der Theologie und Kirche geltend zu machen kaum nachlassen können. Schon hat der Sturm viel verwüstet; er kann, er wird vielleicht noch größere Verwüstungen anrichten. Und nun werden wir in einer solchen Zeit zum Bauen berufen, zum Bauen nicht blos an dem Tempel der Kirche, sondern jetzt schon an dem der Wissenschaft. So gern sähen wir, daß unser Gebäude den Sturm überstünde, der schon mehr als eines niederwarf; wir selbst wünschen darin zu wohnen und

weiter zu arbeiten, und hoffen später auch andere hinein-
zuführen. Sie verstehen mich auch ohne fernere Bilder-
sprache. Sicherlich ist die Frage: „was soll ich predigen?"
für den angehenden Hirten und Prediger von großer Bedeutung. Aber die andere Frage: „von welchem halt-
baren theologischen Standpunkt soll später meine Predigt
die Offenbarung und der Ausdruck sein", oder noch einmal: „welche Theologie ist im Stande, den Sturm dieser
Zeit zu überdauern", ist für den jungen Theologen nicht
weniger brennend. „Welche Theologie" — Sie werden
es billigen, wenn ich, die vielumfassende Frage einschrän-
kend, hier besonders an diejenige systematische Disciplin
denke, deren Behandlung mir anvertraut ist, an die christliche Dogmatik also, in ihrem ganzen Umfange betrachtet.
Ohne daß es mich sogleich gelüstet, mit anderen, die von
entgegengesetzten Principien ausgehen, zu streiten, sage ich
Ihnen einfach, wo meines Erachtens nicht, wo hingegen
wohl die nöthige Festigkeit mitten in dem Sturm unserer
Tage zu finden ist. Auch hier ist die Zahl der Neben-
wege Legion, und doch kann blos Ein Weg schließlich der
rechte sein.

„Nur Ein Weg der rechte? Das leugne ich", so höre
ich mir schon mit einem spöttischen Lächeln zurufen. „Alle
Wege sind gut, in so fern sie nur auf die Erlösung der
Menschheit von Kirche und Theologie hinauslaufen können.
„Welche Theologie du haben mußt?" Überhaupt keine,
glaub' es mir. Die neuere Zeit kann sich für dieses
Nebelbild unmöglich mehr enthusiasmiren; Theologie ist
blos die Wissenschaft der menschlichen Unwissenheit, und
dann erst wird der Fortschritt der Menschheit verbürgt
sein, wenn sie aus diesem Diensthause hinausgeführt und

in der Schule der reinen Humanität erzogen sein wird."
So reden bekannte Stimmen *) und auch Sie hören dieselben nicht zum ersten Mal. Das gehört mit zu der
Eigenthümlichkeit dieser Zeit, daß sie alles, selbst das Ärgste,
ohne Schaudern hören kann; wir gewöhnen uns an
Alles. Wie Schiller einmal „aus Religion" sich an keins
der Religionsbekenntnisse anschließen wollte, die man ihm
nach einander nannte, so bricht man jetzt „aus Philosophie"
mit aller Theologie. Die Scheidung zwischen Glauben
und Wissen, welche Strauß schon vor 25 Jahren prokla-
mirte, ist auf diesem Standpunkte das letzte Wort, die
höchste Weisheit geworden. Man disputirt nicht mehr
über das Übernatürliche, man sieht es einfach als auf
dem Gebiet der Phantasie liegend an und erklärt uns stillschweigend für todt, ließen wir auch hundertmal das bekannte Wort hören: „Les gens, que vous tuez, se
portent assez bien." Nirgends wird in unserer Zeit
dieser Standpunkt kräftiger und talentvoller vertheidigt,
als von den Vertretern der sogenannten positivistischen
Philosophie, von Littrè, Comte, Stuart Mill und anderen,
die geradezu behaupten, daß jede Theologie wie jede Metaphysik eine Fiktion ist, worüber man gar kein Wort
mehr zu verlieren braucht. Sie können nicht erwarten,
daß ich hier diese Richtung beurtheile; nach dem kräftigen
Protest, den dagegen Männer wie de Pressensé, Naville,
Guizot und andere (um blos von französischen Schrift-
stellern zu reden) erhoben haben, ist es auch wirklich nicht

---

*) z. B. Busken-Huet in Holland, D. Strauß in
Deutschland und viele Andere.

nöthig *). Es fällt jedoch von selbst ins Auge, daß diese hochgerühmte Weisheit bei consequenter Fortentwickelung sich in den glattesten Materialismus, nein, in einen athei-stischen Dogmatismus verläuft, und daß, wenn mit der Theologie auch die Religion zum Sterben verurtheilt wird, die sogenannte unabhängige Moral sie keinen Tag lang überlebt; was sag' ich, daß eine Philosophie, welche will-kührlich die ganze Theologie aus ihrem Bereiche entfernt, damit — sich selbst aufhebt. Schneller vielleicht, als man vermuthet, wird es sich zeigen, daß „la bête humaine", wie ein glänzend begabter Vertreter dieser Richtung uns nennt **), weit eher in Bestialität verfallen, als zur Hu-manität sich erheben wird, wenn diese Gedanken einmal Gemeingut der Gesellschaft geworden sind, und daß die wahre Divinität unsers Geschlechts, die man träumt, ohne irgend welche Religiosität völlig unmöglich ist. Auf die-sem Standpunkte kann man unmöglich stehen bleiben; wir müssen zum Thiere zurück oder zur Gemeinschaft mit Gott vorwärts, und wer kann sich nun Religion ohne ein Minimum wenigstens von Theologie vorstellen?

„Ein Minimum, es sei so", so klingt es mir von einer andern Seite entgegen. „Dieser Forderung ent-spricht nichts besser als die moderne Theologie, so wie sie sich hier zu Lande und anderswo seit den letzten Jahren entwickelt. Kaum geboren, zeigt sie reichliche Lebenskraft und hebt den Zwiespalt zwischen unserm religiösen und

---

*) Cf. de Pressensé, Jesus Christ etc., p. 1—38. Naville, Le père céleste, p. 97—145. Guizot, Me-ditations II, p. 249 sqq.
**) H. Taine.

unserm wissenschaftlichen Leben auf. Sie ist tief religiös, aber nicht dogmatistisch; sie bekennt wenigstens, daß sie blos Ein Dogma hat, nämlich daß es einen Gott giebt, der mit Weisheit und Liebe die Welt regiert." Es ist mir angenehm dies zu hören, eifriger Vertheidiger, zumal du die Versicherung hinzufügst, daß auch nach deiner Überzeugung Religion ohne irgend ein Dogma ein Unding ist. Diese Concession wird hoffentlich dazu beitragen, deinen Widerwillen gegen Dogmatik zu verringern, denn zwischen dir und mir handelt es sich also schließlich nur um die Frage nach einem mehr oder weniger. Doch davon abgesehen, glaube nicht, daß ich gar kein Herz für jene höheren Bestrebungen habe, deren Ausbruck und — Erfüllung die moderne Theologie sein will. Vielmehr bin ich davon überzeugt: was sich modern nennt, hätte unmöglich so viel Feld gewinnen können, hätte nicht mancher Vertreter des sogenannten Antiken sich einer jämmerlichen Einseitigkeit schuldig gemacht. Moderne Theologie weiset ohne Zweifel auf ein unerfülltes Bedürfniß, aber auf ein solches hin, das nicht sie selbst, sondern das die gläubige Theologie bei fortgesetzter Entwickelung zu erfüllen berufen und im Stande ist. Oder sollte nicht der letztern, sondern der ersteren die Zukunft gehören? Doch dann müßte sie zum mindesten eine christliche Theologie sein, aber wie hoch ich auch den religiösen Sinn und den sittlichen Ernst ihrer hervorragendsten Wortführer schätze, christlich kann sie sich selbst nicht nennen, wenigstens nicht in dem Sinne, in welchem dieses Wort bis dahin immer verstanden ist. Christo — lieber jedoch spricht sie von Jesu — bringt sie ja eigentlich keine andere Huldigung dar, als welche man einem seltenen und liebenswürdigen

Menschen auf seinem Grabe oder bei seinem Standbild
weiht und welche mit einem „chapeau bas", aber niemals mit einem „à genoux" endigen kann. Sie fühlt
und erweckt Hunger, aber der Hunger kann das Brod
nicht hervorbringen, am wenigsten das Brod vom Himmel.
Ihre grundsätzliche Leugnung des Übernatürlichen in allen
seinen Formen (als Offenbarung, Wunder, Gebetserhörung)
nimmt dem inwendigen Menschen gleichsam den Lebens-
grund, worin allein er wurzeln und Frucht tragen kann.
Das Gemüth läßt sie unbefriedigt; und den Verstand?
Aber es war nicht einer ihrer Feinde, der das harte
Wort geschrieben hat: „die moderne Theologie leidet an
Widersprüchen, die sich kein Philosoph gefallen läßt" *).
Sollte es dem mit zuzuschreiben sein, daß immer mehrere,
auch von ihren edelsten und ehrlichsten Vertretern dem
Kirchendienst sich entziehen, als wollten sie bestätigen, daß
in der Formel: „moderne Theologie", das Adjektiv das Substantiv aufhebt? Vor wenigen Wochen wurde, Sie wissen es, die Reihe jener interessanten Apostaten wieder um
den berühmten Namen Timothée Colani vermehrt; die
Lage derer, die um jeden Preis „bleiben" wollen, wird
dadurch nicht gerade beneidenswerther. Irre ich mich nicht,
so zeugt die Röthe, die ich hie und da auf dem Antlitz
der vielbesprochenen Richtung bemerke, weniger von Ge-
sundheit, als von Fiebergluth, wo nicht gar von früher
Auszehrung? Ein theologisches Prinzip wenigstens, das
ihre Lebenskraft verbürgt, konnte ich bis dahin nicht ent-
decken, mag die Lebensdauer dann auch noch eine Weile
verlängert werden, namentlich durch die Polemik, welche

---

*) Pierson.

sie hervorruft. Und ob das, was hier vom Evangelio übrig bleibt, wirklich die Bedürfnisse eines unruhigen und erwachten Gewissens befriedigen kann; ob bei dem steigenden Ernst der Zeiten eine Theorie, die (es ist in der That nicht ein zu starker Ausdruck) „das Gebet auf den Lippen der Gläubigen sterben lassen würde", die Kirche vor dem Versinken behüten wird; ob am Sterbebette des Cholerakranken gerade der Bote des Trostes der erwünschteste sein wird, der für das brechende Auge ein unbeantwortetes Fragezeichen stehen lassen muß bei dem Bedürfniß nach Schuldvergebung, nach Gebetserhörung, nach Gewißheit des zukünftigen Lebens — es genügt schon, meine Herren —, wenn ich nicht, so erleben Sie noch einmal eine Zeit, wo man sich mit Recht verwundern wird, daß so viel Willkühr mit dem Namen Wissenschaft, so viel Zweifel mit dem Namen Glaube begrüßt worden ist!

„Wohlan", spricht ein Dritter, „dann ziehe ich mich lieber auf den confessionellen Standpunkt zurück, da stehe ich unbeweglich und sicher. „Teneamus, quod ubique, quod semper, quod ab omnibus creditum est." „Die Theologie des siebenzehnten Jahrhunderts, sie ist die berechtigte Meisterin des neunzehnten." Ich ehre dich, der du so sprichst, und kannst du wirklich mit einem guten theologischen Gewissen dich auf den angedeuteten Standpunkt stellen, so respektire ich deine Überzeugung und preise dich in gewisser Hinsicht glücklich. Doch kann ich noch den Zweifel nicht aufgeben, ob du wirklich nichts zu fürchten hast von dem Sturm, der sich von allen Seiten erhebt. Schon dies läßt unwillkührlich das Gegentheil vermuthen, daß viele, die sich auf diesen Standpunkt zurückzögen, so schnell irgend eine nähere Erläuterung für

nöthig halten und ungefragt die Versicherung geben, daß
sie nicht juridisch-, sondern evangelisch-, sondern mild-,
sondern gemäßigt-confessionell sein wollen. Aber so,
wie ich wohl sehe, wird leicht mit der andern Hand
genommen, was mit der einen gegeben wurde, und
der Standpunkt verliert unwillkührlich an Festigkeit, was
er an allgemeiner Zugänglichkeit gewinnt. Wer auf die
Forderung der streng-kirchlichen Rechtgläubigkeit für sich
selbst mehr oder minder wichtige Ausnahmen zuläßt, der
wird doch dieselbe Freiheit schwerlich anderen bestreiten
können, und, obgleich es nun gewiß sehr möglich ist, daß,
nach evangelischem Maaßstab bemessen, die eine Freiheit
einen sehr unschuldigen, die andere einen sehr bedenklichen
Charakter zeigt, so gilt auf rein-confessionellem Gebiete das
Gesetz: „Wer in Einem Gebote strauchelt, der ist in allen
schuldig." Überdies handelt es sich nicht um die Frage,
ob dieser Standpunkt an sich selber haltbar, sondern ob
er in unserer Zeit vor anderen sicher und empfehlenswerth
genannt werden kann. Und wer kann auf diese Frage
im Ungewissen bleiben, wenn er bemerkt, daß der Sturm
keineswegs gegen die besonderen Bekenntnisse bestimmter
Kirchen erwacht ist, sondern vielmehr gegen die gemein-
same Grundanschauung, wovon sogar stillschweigend alle
Confessionen ausgehen? Es nützt in der That wenig, ob
du dich in ein abgesondertes Zimmer zurückziehst, worin
du dich vielleicht völlig zu Hause fühlst: nicht dein Zimmer
blos, das ganze Haus wird bedroht und bis in seine
tiefsten Fundamente erschüttert. Es zeigt sich täglich deutlicher, daß die Scheidemauern eines früheren Jahrhunderts
gänzlich versetzt sind und daß mehr als Eine protestan-
tische Kirchengemeinschaft ihre raison d'être nur noch

Gründen von administrativer und finanzieller Art zu verdanken hat. Hinter einer ziemlich unterhöhlten und zerrissenen Mauer wird man schwerlich den Sturm abwarten können ohne drohende Gefahr — unter den Trümmern begraben zu werden. Neue Scheidungen kommen zum Bewußtsein; neue Verbindungen bereiten sich vor; alles drängt sich einer anderen, vielleicht schweren, aber gewiß neuen Zeit entgegen, und wir sollten wähnen, nichts besseres thun zu können, als uns an eine doch immer unvollkommene Vergangenheit festzuklammern! Doch lassen Sie uns aufrichtig sein; wer kann eigentlich noch heut zu Tage (auch wenn er an den großen Wahrheiten von Evangelium und Reformation mit Herz und Seele festhält) die Confession in allem als den besten Ausdruck seines persönlichen Glaubensbewußtseins erkennen? Wer ist so wenig ein Kind dieses Jahrhunderts, daß er mit Vorliebe in dem schweren Harnisch des siebenzehnten zu Felde zieht? Wer begreift nicht, daß wohl der christlichen Kirche auf Erden in ihrer Gesammtheit ein unvergängliches Bestehen verbürgt ist, aber nicht einer einzelnen gesonderten Kirchengemeinschaft als solcher? Und wer wagte denn schließlich gegen den wachsenden Sturm eine papierne Brustwehr aufzurichten, da die Confession selbst im Prinzip die Nothwendigkeit ihrer fortwährenden Läuterung und Entwickelung ausspricht und gleichsam mit eigener Hand uns auf das Höhere, auf den Standpunkt der Schrift hinweist?

„Ich merke schon", sagt ein Vierter, „nicht zu vollblut-modernen, nicht zu streng-confessionellen, sondern zu lauter biblischen Dogmatikern willst du uns zu bilden trachten, und erst solchen darfst du einen vollen Sieg versprechen." Ich leugne es nicht, daß ich den Ehrennamen

Doktor der heiligen Schrift vor anderen liebe und daß das Schwert des Geistes, Gottes Wort, nach meiner Meinung die beste Waffe auch in dem Streit unserer Tage bleibt. Nur darf ich mir selber nicht verhehlen, daß wir noch keineswegs ans Ende des Streites gekommen und gegen jeden Anfall gedeckt sind, wenn wir einfach erklären ich stelle mich auf biblischen Standpunkt. O, es waren schöne, wenigstens gewisser Maaßen bequeme Tage für den christlichen Dogmatiker, als die Forderung: „redeamus ad biblicam simplicitatem" von allen Seiten gehört und befolgt wurde. Mit schneller Beiseitesetzung jeder schulmäßigen Begriffsbestimmung fragte man blos: „Was lehrt die heilige Schrift?" Aus ihren verschiedenen Aussprüchen, gehörig erklärt und zusammengefügt, wurden die verschiedenen „Lehrstücke" — so hieß es ja — leicht abgeleitet und zu einer gewissen formellen Einheit gebracht. Biblische Dogmatik wurde hinfort die höchste Losung, das Gebäude, das, wie es schien, auf einem Felsen gegründet war. Schade blos, daß nur zu Viele den Unterschied zwischen einem tüchtigen Fundament und einem unwandelbaren Gebäude verkannten! Denn wenn wir auch für einen Augenblick allen Streit der letzten Jahre über die Ächtheit, die Glaubwürdigkeit, die göttliche Eingebung und das kanonische Ansehn der heiligen Schriften vergessen, so ist und bleibt es klar: von biblischen Theologen kann man reden, aber schwerlich von biblischer Dogmatik, aus dem einfachen Grunde, weil die Bibel keine Dogmatik im strengeren Sinn des Wortes enthält. Sie treffen hier eine Anzahl von Aussprüchen an, von Moses und den Propheten, von Jesu und den Aposteln, erhaben und unschätzbar an Werth; diese alle sind und bleiben jedoch blos kostbare

Bausteine, und Ihnen bleibt die Aufgabe, mit eigener Hand ein dogmatisches Gebäude zu errichten. Dazu ist aber nöthig, daß die Steine nicht blos gehörig auf einander gestapelt, sondern harmonisch in einander gefügt werden, also daß jedem Steine diejenige Stelle angewiesen werde, die ihm im Unterschiede von anderen zukommt. Die Aussprüche, mit denen Sie arbeiten, wollen nicht blos jeder besonders, sondern in ihrem gegenseitigen Zusammenhang, nicht blos in ihrer relativen Verschiedenheit, sondern in ihrer höheren Einheit, nicht blos im Lichte der Geschichte, sondern im Lichte des christlichen Nachdenkens und der christlichen Lebenserfahrung betrachtet sein; mit andern Worten, Sie werden nicht blos zu einer exegetischen oder historischen, sondern zu einer christlich-philosophischen Arbeit berufen und haben nicht blos die Frage zu beantworten: „was wird in der heiligen Schrift als religiöse Wahrheit verkündigt“, sondern: „was habe ich für Wahrheit zu halten, und auf welchem unerschütterlichen Grunde?“ Sie berufen sich auf das Wort der Schrift, können aber schwerlich vergessen, daß dieses Wort von verschiedenen Gliedern und Abtheilungen der christlichen Kirche verschieden erklärt wird, so daß Ihre eigenthümliche Auffassung Sie mit Einigen vereinigt und von Anderen scheidet. Unvermeidlich gehen Sie so von dem Gebiet der biblischen Theologie auf das der kirchlichen Dogmatik und von da auf das des eigenen christlich-philosophischen Nachdenkens über. Sie haben keine Ruhe, bis Sie, so gut und schlecht es eben geht, Ihr eigenes Gebäude errichtet haben, denn das Streben nach Einheit in Ihrem Denken beherrscht Sie und — doch genug. Die Frage, die zur Vorderthür hinaus gewiesen schien, schleicht

Meyeringh, Zum Kampf und Frieden.   7

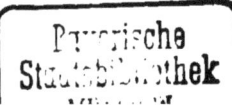

zur Hinterthür wieder herein: welches theologische d. i.
welches christlich - dogmatische Gebäude ist im Stande, den
Sturm dieser Zeit auszuhalten?

„Ich habe es gefunden", so jubelt ein Fünfter,
„nichts von allem Genannten, es sei so; sondern was unendlich besser ist, die Theologie der Vermittelung, die Richtung des j u s t e   m i l i e u, sie ist der Hafen der Rettung
für das von heftigen Stürmen befallene Schifflein: der
Eklekticismus ist der einzige sichere Weg." Wirklich?
Es ist möglich, daß wir Eins werden, aber doch auch,
daß wir vorläufig noch verschieden bleiben. Verstehest du
unter Vermittelungstheologie die Richtung derjenigen, welche
innig überzeugt, daß jedes menschliche System einseitig und
Systemsucht das Grab der Wahrheit genannt werden darf,
sich nach des Apostels Wort beeifern, „alle Dinge zu
prüfen", und lieber der Biene gleichen, die auf allen
Blumenbeeten Honig saugt, als der Spinne, die in den
Fäden ihres eigenen Gewebes sich fest arbeitet: wer sollte
solches Streben, besonders an dem jugendlichen Pfleger der
Wissenschaft, nicht unbedingt preisen? Altes und Neues
bleibt die Losung des Schriftgelehrten rechter Art auch
in den gegenwärtigen Tagen. Doch fällt es schwer, zu
leugnen, daß man hie und da mit dem Begriff Vermittelungstheologie auch eine andere Vorstellung verbindet, die
der Transaktion, des Gebens und Nehmens, des — welches
bessere Wort soll ich wählen? Ein geistreicher Freund frug
mich kürzlich, wie es käme, daß für das deutsche Wort
„Vermittelungstheologie" kein reines Holländisch zu
finden wäre; ob diese Erscheinung vielleicht auch mit hollän-
discher Nüchternheit und Ehrlichkeit zusammenhinge und ob
ich ihm erlaube, das gemeinte Zeitwort zu übersetzen mit:

„modderen (verſchlammen), schipperen (laviren), knoeijen (pfuſchen)?" Ich weiß nicht mehr, was für eine Ant-wort ich gab; ich meine den Ausſpruch Tholuck's: „Die Wahrheit liegt nicht in der Mitte, ſondern in der Tiefe." So viel iſt gewiß, daß Wahrheitsliebe, eine ſo unentbehrliche Forderung ſie auch bei dem Theologen iſt, ſchwerlich die Stelle eines dogmatiſchen Prinzips vertreten kann, und daß mancher, der mit Vorliebe zur Mittelpartei gerechnet zu werden wünſcht, unaufhörlich vor den Conſequenzen ſeiner eigenen Behauptung zurücktritt und ſich leicht zum Ausweichen gedrungen fühlt, wenn er inſtinktmäßig ge-wahrt, daß ſein Ausgangspunkt ihn auf unerwünſchte Pfade führen würde. Die Furcht vor Extremen, welche mehr als etwas anders dieſe Richtung charakteriſirt, iſt vielleicht ein guter Pilot, wo es wenigſtens auf's Laviren und auf's Vermeiden von drohenden Klippen ankommt, aber ſchwerlich ein geſchickter Architekt. Mit Halbheit er-richtet man auf unſerm Gebiete kein Gebäude, das dem aufbrauſenden Sturm widerſtehen kann, höchſtens eine Hütte, worin man ſich für eine Zeitlang verſtecken kann. Hatte er wohl ſo ganz Unrecht, jener franzöſiſche Staatsmann[*], als er ſpottend behauptete: „wenn man erklärt, zweimal vier iſt acht, und ein Hitzkopf behauptet, es iſt zehn, ſo ſagt das juſte milieu: $2 \times 4 = 9$"? Ein ſolches Syſtem kann leicht Kuppler, unmöglich aber Märtyrer im urſprüng-lichen Sinn des Wortes: Zeugen der Wahrheit, bilden, und wer das unaufhörliche Wenden und Laviren eine Zeitlang beobachtet hat, der wendet ſich mit Widerwillen

----

[*] La Fayette.

7*

davon ab und murmelt zwischen den Lippen: „was man ist, muß man ganz sein".

Noch sind wir auf unserm Argonautenzuge in dieser Stunde nicht zu der gewünschten Entdeckung gekommen, obgleich das bloß negative Resultat, das wir fanden, in Ihren Augen nicht ohne alle Bedeutung ist. Es muß doch eine positive Antwort auf die wiederholt aufgeworfene Frage zu geben sein, es sei denn, daß wir die Zukunft der ganzen Theologie und die mit ihr so eng verbundene Kirche verzweifelnd aufgeben müßten. Das ist aber nach meiner innigsten Überzeugung nicht nöthig; es giebt eine Theologie, von deren Gebäude das Wort der Schrift wiederholt werden kann: „es fiel nicht, denn es war auf einem Felsen gegründet". Könnte ich Ihnen doch ihr glänzendes Bild schildern: „hujus qualem nequeo monstrare, at intus sentio tamen". Mich dünkt, als fiele auf dieses Bild ein Lichtstrahl, der sich in siebenfachen Farben bricht . . . siebenfach, beruhigen Sie sich, meine Herren, vor Ihrer Zeit und Ihrer Geduld habe ich Respekt. Meine Farben schildere ich nicht in den feinsten Nüancen, ich deute sie nur mit dem Finger an, und Sie — Gott gebe es und so erfüllt jeder von uns seine Aufgabe — Sie lassen sie später selbst in Ihrem Leben und Wirken sichtbar werden.

„Welche Theologie kann den Sturm aushalten", so lautete die Frage, und die Antwort darauf vor allen Dingen: Die, deren Prinzip persönlicher Glaube ist. Es ist eine wohlbekannte Klage, daß keine Wissenschaft, die auf der Universität gepflegt wird, von ihren

eigenen Pflegern so empfindlichen Schaden leidet, als die
der Theologie. Sollte diese traurige Erscheinung nicht
auch daraus erklärt werden müssen, daß nicht jeder, der
Theologe zu sein wünscht, zugleich ein gläubiger Christ
heißen darf und daß die tiefsten Geheimnisse des Reiches
Gottes so oft von denen besprochen werden, die auf diesem Gebiete noch nicht die mindeste Gabe geistlicher Prüfung besitzen? „Der geistliche Mensch prüft alle Dinge"
auch auf dem höchsten Gebiet. Wer nun aber durchaus
noch kein geistlicher Mensch geworden ist und vielleicht
theologiae Doctor wird, ohne daß er sich mit einem
guten Gewissen discipulus Christi nennen kann? Sie
fühlen es selbst, von Dornen lassen sich keine Trauben,
von trüben Quellen keine erquickenden Bäche erwarten, und
die oft mißdeutete und widersprochene Forderung, daß die
ächte Theologie eine Theologie der Wiedergeborenen (theologia
regenitorum) sein soll, sie enthält eine ewige Wahrheit.
Theologie, es ist nun einmal nicht anders, ist und bleibt
eine Wissenschaft des Glaubens, und zwar des Glaubens
an Jesum Christum als den Weg, die Wahrheit und das
Leben, und da allein kann sie mit Glück studirt werden,
wo die Wahrheit, die man für sich selbst und für andere
immer mehr zur Klarheit bringen will, wahrhaftig in
unsern Herzen lebt. Der persönliche Glaube an einen
lebendigen Gott, an eine besondere Heilsoffenbarung, an
einen unentbehrlichen und allgenugsamen Seligmacher, an
eine ewige Lebensbestimmung; christlicher Glaube mit Einem
Worte, der noch auf einem anderen Wege als dem des
wissenschaftlichen Studiums erworben und mit der feurig-
sten Liebe zu Christo verbunden ist, das ist und bleibt
die durchaus unentbehrliche Bedingung, um zum selbststän-

bigen Wissen der Dinge zu kommen, die uns in Ihm von Gott geschenkt sind. Ohne dieses persönlich lebendige Glaubensprinzip kann man vielerlei theologische Gelehrtheit besitzen, aber ein ächter Theologe, ein Gottesgelehrter ist man nicht. „Von Wahrheit kennen wir, was wir von ihr durchleben" — der Dichter, der das aussprach, war in gewissem Sinn Prophet und Apostel zugleich. Sie hören es dem Prediger wohl ab, ob er blos ein klingendes Metall oder wirklich eine lebendige Stimme ist; und ebenso ist es auch dem Gottgelehrten wohl anzusehen, ob er auf dem Gebiet der Heilswahrheit zu Hause ist wie ein Beamter, der das Inventar aufgemacht hat, oder wie ein Erbe, der seinen eigenen geistlichen Schatz übersieht. Wie man zu diesem Glauben komme, darum handelt es sich in diesem Augenblick nicht, doch genug: „durch Glauben zum Begreifen, per fidem ad intellectum", das ist und bleibt mein theologischer Grundsatz; „per fidem", natürlich nicht schon sofort in Bezug auf den ganzen Umfang einer überlieferten Kirchenlehre, als ob diese so blindlings anzueignen und sogleich sophistisch zu vertheidigen wäre (das würde zum Scholasticismus des Mittelalters führen!), sondern per fidem in Bezug auf das, was das Evangelium zu einem Evangelium für Sünder macht und was man als eine Kraft Gottes zur Seligkeit (d. h. zur Rettung) für das eigene Herz kennen lernte. Nur was so aus dem Leben geboren ist, kann unvertilgbare Lebenskraft in sich tragen und auch heftigen Stürmen widerstehen. Die Theologie wird sein wie der Theologe, aber auch der Theologe wie der Mensch und der Christ; denn Martensen hatte vollkommen Recht, als er schrieb: „Ein von Zweifel ausgehungertes Bewußtsein hat nie eine Dogmatik hervorbringen können."*) In einem Körnlein Glauben schlummert mehr Lebenskraft als in Bergen von Zweifeln. Geld ist Macht, sagt der Zeitgeist; Kenntniß ist Macht, sagt die Wissenschaft, aber Glauben ist eine größere Macht als beides. Je mehr die wahre, tiefe Gemüthlichkeit in unsern Tagen zu den Seltenheiten gehört, desto lauter muß es von den Dächern verkündigt werden: "pectus est, quod theologum facit".

"Welche Theologie?" eine solche, deren Grundlage das Evangelium der heiligen Schriften ist. Unser Gebäude muß auf einer festen Grundlage ruhen; sie ist vorhanden oder — nirgends gegeben. "Im Evangelium, nicht in der ganzen Bibel"? so höre ich Sie fragen und die Antwort liegt auf der Hand. Ist es die Heilslehre, auf deren Untersuchung die Dogmatik sich zu legen hat, so wird die Kenntniß der Heilslehre am besten aus der heiligen Urkunde der besonderen Heilsoffenbarung geschöpft, und diese Heilsoffenbarung macht den Kern, die Seele, den Mittelpunkt der Bibel aus. Auf das Evangelium in der Schrift muß unser Auge sich vor Allem richten. Viel Mißverstand ist dadurch entstanden, daß mancher Theologe die heilige Schrift en bloc ebenso mechanisch wie oft der Jurist sein corpus juris gebrauchte: "es ist ausgemacht, denn es steht Artikel so viel, Buch so viel". Aber zu solch geistlosem Gebrauch ist uns doch wirklich die heilige Schrift nicht in die Hände gegeben; er hängt mit einer Vorstellung von mechanischer Schriftinspiration zusammen, die alle denkenden Geister dieser Zeit aufgegeben haben. Ich bedaure den, welcher etwas

---

*) Martensen, Christl. Dogmatik, S. 14.

bloß für Wahrheit hält, weil z. B. der Koheleth oder Eliphas von Theman vor einer Reihe von Jahren es sagte! Gewiß müssen vor dem Worte Gottes nothwendig alle Häupter und Herzen sich beugen, aber es ist ausdrücklich der Rath Gottes zur Seligkeit der Sünder, womit die christliche Theologie sich zu beschäftigen hat. Dieser Rath Gottes wird viel deutlicher in den Schriften des Neuen als in denen des Alten Testaments vor uns aufgedeckt; von diesen Schriften des Neuen Testaments ist wieder das Evangelium von Gottes Gnade die Hauptsache; wahrlich, es geschah nicht ohne Grund, daß das Lehrbuch unserer Väter auf die Frage: „woraus weißt du das?" sich nicht damit begnügte, auf die Bibel ganz im Allgemeinen zu verweisen, sondern sehr bestimmt von dem „heiligen Evangelium" spricht *). Auf dieses Evangelium der Schriften nun als den Centralpunkt aller Offenbarungen Gottes muß die Theologie unserer Zeit sich zurückziehen, soll sie in Wahrheit unüberwinblich sein. Alle Achtung vor dem, was man uns als Ausspruch des christlichen Bewußtseins verkündigt; aber wenn man bedenkt, welche geradezu sich widersprechenden Behauptungen unter dieser Fahne gleichzeitig — eingeschmuggelt werden und wie schließlich bei Manchem der Geist gerade das Gegentheil von dem Worte zu verkündigen scheint, das in Ewigkeit bleibt, dann bezweifle ich ernstlichst, ob der, welchem es wirklich um Festigkeit zu thun ist, sich vorzugsweise an diesen Schiedsrichter wenden muß. Oder wird Jemand sagen, daß auch das Evangelium der Schrift uns keinen Schritt weiter bringt, da es uns bloß eine Reihe von verschiedenen, doch wider-

---

*) Heidelberger Katechismus, Antw. 19.

streitenden Antworten auf die höchsten Fragen hören läßt? Ich leugne das und berufe mich auf die Resultate eines wirklich unparteiischen und gründlichen Studiums der Theologie des Neuen Testaments zum Beweise, daß die un= verkennbare Verschiedenheit der verschiedenen Lehrbegriffe sofort in's Auge fällt, aber bei fortgesetzter Prüfung die höhere Einheit sich immer schöner zeigt. Alle apostolischen Zeugnisse in Bezug auf Christum gehen in der Haupt= sache von denselben Grundanschauungen aus, weil sie die Frucht einer gleichartigen geistlichen Lebenserfahrung sind; alle Ströme, die hier fließen, weisen auf Eine unfehlbare Quelle zurück, den persönlichen Christus und die Offen= barung von Gottes Wahrheit und Gottes Gnade in Ihm ... meine Herren, welche Theologie sollte die Ver= heißung des ewigen Lebens haben, die damit beginnt, schier bei jedem Punkte dem Zeugniß derer zu wider= sprechen, welchen der Mund der Wahrheit bezeugte: „Wer euch höret, der höret mich?"

Aber so werden wir von selbst genöthigt, einen Schritt weiter zu gehen. Blos die Theologie hat nach meiner nnigsten Überzeugung eine Zukunft, deren Mittelpunkt der historische Christus bildet. Dogmatik unter= sucht die Heilslehre, aber das Heil ist nicht blos verkün= digt von, es ist erschienen und geschenkt in Ihm, der der Weg ist, die Wahrheit und das Leben. Darum kann der moderne Theologe, ohne Inconsequenz, einer christologischen Untersuchung keine andere als eine untergeordnete Bedeu= tung zuerkennen. Der Rabbi von Nazareth hat ja, ein wie großes Genie er auch auf religiösem Gebiete sei, kein anderes Verdienst, als daß er zuerst, so viel man weiß, das klar ausgesprochen hat, was im Grunde jedes mensch=

lichen Herzens schlummerte. Er hat einen Impuls gegeben, dessen fortdauernde Wirkung hinfort von seiner Person unabhängig ist; er selbst kann zur Noth jetzt vergessen werden und, wie Einige meinen, wird er's auch; denn möge er auch historischer Ausgangspunkt für fernere religiöse Entwickelung sein, der Mittelpunkt des Heils ist er nicht. Wie ganz anders, wenn der große Gegensatz zwischen Sünde und Gnade in seiner ganzen Bedeutung erkannt und Christus als die Mittelursache der letzteren erkannt wird! Da beginnt die Dogmatik immer mehr einen christocentrischen Charakter zu zeigen; mit anderen Worten, Christus, der in seiner ganzen Fülle erkannte Christus, wird der Mittelpunkt, von dem aus über Gott, über die Menschen, über beider Verhältniß das Licht der Wahrheit aufgeht. Ich sehe es als einen wesentlichen Fortschritt auf dem Gebiete der dogmatischen Wissenschaft an, daß ihre hervorragendsten Vertreter sich immer mehr in dieser Richtung fortbewegen, unerschütterlich überzeugt wie ich bin, daß unser Gebäude um so weniger vom Sturm zu fürchten hat, je unmittelbarer jedes seiner Theile mit dem Eckstein verbunden wird. Nur machen wir einander sogleich darauf aufmerksam, daß nicht ein Christus, sondern allein der Christus, so wie wir Ihn aus dem apostolischen Zeugniß kennen, uns die gewünschte Festigkeit verbürgen kann. Mit einem Phantasie-Christus als Eckstein wird auch nichts weiter als ein Luftgebäude aufgerichtet, und ein Phantasie-Christus ist es, den uns die Willkühr übrig läßt, wenn sie Alles aus der Geschichte wischt, was Er nach rein individueller Meinung von Diesem und Jenem unmöglich gethan oder gesagt haben kann. „Ob ich denn ein Feind der Kritik sei?" Im Mindesten nicht, wenn sie als treue

Dienerin der Wissenschaft des Glaubens das Messer schärft und mit bedächtiger Hand zu nutzen weiß; aber ohne Zweifel, wenn sie als Königin das Scepter im Namen einer vorurtheilsvollen Philosophie schwingen will. „L'histoire doit avoir sa méthode, indépendante de toute philosophie", schrieb unlängst — Renan *). Kritik, so viel du willst, aber nicht ohne Selbstkritik, nicht ohne Kritik der Kritik. Nicht die Sceptiker sind berufen, die Geschichte zu schreiben, d. h. eigentlich sie zu machen, sondern die Kritiker, doch solche Kritiker, für welche das Wort des großen Bengel: „spiritualis homo κριτικώτατος" mehr als ein eitler Klang ist. Die moderne Kritik wird wirklich von einem Gottesbegriff beherrscht, der so aprioristisch als möglich ist. Die christliche Kritik muß unter der Zucht des heiligen Geistes stehen und die Einzelnheiten im wahren Licht aufzufassen trachten, nachdem erst der rechte Blick auf das große Ganze gewonnen ist. Thut sie das, so wird es ihr bald einleuchten, daß der von Strauß entlehnte Gegensatz zwischen dem Jesus der Geschichte und dem Christus des Glaubens ein ziemlich willkührlicher ist; daß der eine vielmehr den andern deckt und daß dieser historische Christus, der Gottmensch, gestern, heute und in Ewigkeit derselbe, auch eine unvergängliche Lebenskraft der Wissenschaft mittheilt, die in Ihm ihren Mittelpunkt fand. Es wäre denn, daß die Umkehrung seines eigenen Wortes uns auf einmal nicht undenkbar, sondern wahrhaftig zu sein dünkte: „Ich bin lebendig gewesen und ich bin todt und bleibe todt bis in alle Ewigkeit und habe die Schlüssel von — nichts."

---

*) Les Apôtres, p. XLVI.

So tritt in Christo, wie das Evangelium Ihn kennen lehrt, die Heilswahrheit selbst vor das erleuchtete Auge des Glaubens. Wie nun das, was sich uns als Wahrheit kund thut, sich auf die Dauer als Wahrheit geltend macht und legitimirt vor dem Forum unseres innersten Bewußtseins? Das ist blos von einer Theologie zu erwarten, deren Stütze das erleuchtete Gewissen ist. Sie merken, hier komme ich mit einer jener Fragen in Berührung, von deren richtiger Beantwortung die zukünftige Entwickelung unserer Wissenschaft nicht zum geringsten Theile abhängen wird. Es kommt immer mehr darauf an, die innige Verbindung zwischen Wissen und Gewissen zu finden und für das erste in dem letzten eine untrügliche Stütze zu erobern *). Eine Stütze, sage ich absichtlich, und nicht eine Quelle, wenigstens was die Erkenntniß der Wahrheit zur Seligkeit angeht. So gewiß es ist, daß das Gewissen der ursprüngliche Zeuge ist für das Dasein und das Recht eines heiligen Gesetzgebers auf sittlichem Gebiete, so unmöglich scheint es, den Hauptinhalt des Evangeliums aus dem Gewissen zu deduciren. Die Frage, ob es eine Heilsoffenbarung giebt und ob der übernatürliche Charakter der Heilsthatsachen sich genügend vertheidigen läßt, muß vor allen Dingen auf dem Wege der historisch-kritischen Untersuchung ausgemacht werden; unmöglich bleibt es, mehr aus dem Gewissen abzuleiten, als ursprünglich zu seinem Inhalte gehört. Was

---

*) Es war mir angenehm, während des Druckes dieses Vortrags dieselbe Überzeugung von Dr. R. Hofmann ausgesprochen zu finden, in seiner interessanten Schrift: Die Lehre von dem Gewissen. Leipzig 1866.

aber den eigentlichen sittlichen und religiösen Inhalt des
Evangeliums betrifft, womit doch die christliche Dogmatik
vor allem zu rechnen hat, so wird derselbe ohne Zweifel
um so fester stehen, je deutlicher es sich zeigt, daß derselbe
und derselbe allein der unveränderlichen Forderung des
Gewissens entspricht. Fern müssen wir bleiben von allem
Conscientialismus, d. h. von derjenigen Richtung, welche
den Ausspruch des individuellen Gewissens über oder gegenüber dem Ausspruch von Gottes Wort in der heiligen
Schrift möchte geltend machen; denn das würde offenbar
am Ende zu nichts als einer andern Form von Rationalismus führen, dem ich prinzipiell widerstehe. Wohl
aber haben wir immer mehr mit dem menschlichen Gewissen in seiner unveränderlichen Grundform, mit der
anima naturaliter christiana des Tertullian zu thun,
um zu zeigen, daß ihren Eingebungen das Evangelium
in ganz einziger Weise entgegen kommt, wie der Lichtstrahl der schmachtenden Blumenknospe, so daß der Mensch
blos wirklich Mensch wird, in so weit er Christ heißen darf.
Wohl haben wir für unsere christliche Dogmatik eine Stütze,
so sonderbar es klingen mag, in dem bösen Gewissen
zu suchen, das den Sünder beunruhigt und beschuldigt,
und zu zeigen, wie das Evangelium allein auf seine un-
abweisbaren Fragen Antwort giebt. *) Von keinem Punkte
wird die Regeneration der christlichen Dogmatik gewisser
ausgehen, als von der immer tiefer aufgefaßten und von
jedem pelagianischen Sauerteig sorgfältig gereinigten Lehre

---

*) Vgl. hier auch die schöne Abhandlung von Prof. Peip
in der Zeitschrift: Der Beweis des Glaubens, 1866,
unter dem Titel: Die Grenzen des Beweises, S. 134—147.

von der Sünde. Je besser die Sünde im Lichte des Gewissens
erkannt wird, desto mehr wird die völlige Unentbehrlichkeit
und der unschätzbare Werth des Evangeliums der Gnade
sich rechtfertigen. Je mehr andererseits das Gewissen in
diesem Evangelium die Befriedigung seines tiefsten Bedürf-
nisses nach Beruhigung und Reinigung findet, desto lauter
wird es bezeugen, daß ein Evangelium wie dieses unmöglich menschlichen Ursprungs sein kann. Dieses beru-
higte und gereinigte Gewissen, erleuchtet durch den heiligen
Geist, läßt also immer lauteren Wiederhall auf das Zeugniß Gottes in der Schrift hören, und je mehr wir in
Christo für uns selbst das Leben finden, desto weniger
können wir daran zweifeln, ob in Ihm das Licht der
Wahrheit wohl wirklich nebellos erschienen ist. So wird
neben dem objektiven Grunde des Glaubens, den das
historische Zeugniß des Evangeliums giebt, der subjektive
immer fester gelegt. Die innerliche Zusammenstimmung
dieses Evangeliums, wie mit den Bedürfnissen unseres Herzens, so mit der Forderung unseres Gewissens, wird uns
die Bürgschaft, daß wir unmöglich irren, wenn wir es
als ein Wort Gottes für uns selbst betrachten und hernach
Anderen bringen. Was als Wahrheit erst über und außer
uns stand, das erkennen wir immer mehr als vernünftig
und gotteswürdig. Wir wissen nun, an wen wir
glauben, und wie könnte der Sturm ein Gebäude fällen,
dessen Fundamente gleichsam mit dem dunkeln Grunde zusammen gewachsen sind, worin sie gelegt und befestigt
wurden!

So stehen wir fest. Doch ist es schon genug, nicht
umgeworfen zu werden? Als ob für die Wissenschaft das
Wort ausgewischt werden könnte: „Fest stehn immer, still

stehen nimmer!" Meine Losung ist — ich will nicht
sagen: „excelsior", denn im Vertrauen, dieses Wort
ist in letzter Zeit wohl etwas compromittirt, und der
junge Wagehals, der trotz aller Warnung sich gar zu
ruchlos wagt und den Tod im ewigen Schnee findet, ist
doch auch der beste Vorgänger nicht — sondern der Wahl-
spruch eines jetzt gebemüthigten, aber nicht geschändeten
Königshauses: „Nunquam retrorsum." *) Blos die Theologie, deren Losung wahrhaftiger Fortschritt ist,
hat unter allen Stürmen auf eine Zukunft zu hoffen.
„Wahrhaftiger Fortschritt", wiederhole ich, damit
Niemand die Begriffe progressiv und revolutionär mit
einander verwirre. Auf die Frage, was man unter Fortschritt verstehen muß, wurde einmal geantwortet **): „in
der Wissenskunde immer mehr zu wissen; in der Theologie immer weniger zu glauben und in der Philosophie
immer mehr Kunstworte auszufinden". Wäre nämlich
das zweite die Wahrheit, so wäre die Fortschritts-
partei ausschließlich auf Seiten der Verneinung zu suchen.
Doch Sie wissen es besser; der christlich-theologische Fortschritt ist nicht der vom Behaupten zum Leugnen, sondern
vom Glauben zum Wissen und vom Wissen zu immer
besserem Glauben und selbstständigerer Einsicht. Christliche
Dogmatik ist, recht betrachtet, nichts als christliche Philosophie, aber auf einer gegebenen historischen Basis. Das
Fundament ist unbeweglich, aber das Gebäude muß sich
immer höher erheben. Der Glaube muß, so viel als
möglich, auf jedem Punkte fest und klar, aber stets für

---

*) Hannoversches Symbol.
**) Kästner.

tiefere und höhere Entwickelung empfänglich sein, und die Wissenschaft des Glaubens auch bei ihrem höchsten Fluge den Charakter einer werdenden Wissenschaft tragen. Und so ist denn der wahre Theologe nicht wie ein Felsen, wovon jeder Sturm wieder neue Steinbrocken abschlägt, sondern wie ein Granitgrund, wovon der Wind blos den Sand wegbläst und worin sich eine verborgene Quelle findet, woraus inzwischen das Lebenswasser unaufhörlich emporquillt.

Das führt uns zum sechsten Gesichtspunkte. Fortschritt ist an sich ein leerer Klang, wenn uns die Richtung wohin nicht hell vor Augen steht. Noch einmal: von welcher Theologie ist noch etwas für die Zukunft zu hoffen? Von derjenigen, lautet die Antwort, deren Zweck die bekennende Gemeinde ist. Kirche und Theologie stehen gegenwärtig auf ziemlich fernem, ich darf nicht einmal sagen auf ehrerbietigem, Abstand von einander. An die Stelle der Einheit des Glaubens und des Bekenntnisses ist ein Zustand von Anarchie und Individualismus ins Leben getreten, den wir nicht ändern können. Doch tritt hier wieder der Unterschied zwischen der modernen und der christlichen Theologie hervor. Während auf dem ersteren Standpunkt der dogmatische Indifferentismus als die höchste Weisheit gilt, da ja die Wahrheit nicht ist, sondern beständig wird, geht der andere zwar mit Glauben und Unterwerfung in den unvermeidlichen Übergangszustand ein, arbeitet aber zugleich mit dem bestimmten Zweck vor dem Geiste, daß noch einmal, auch durch Ihre Bemühung, wenn Sie wollen, eine Kirche der Zukunft zum Vorschein komme, die in ihrer eigenen Sprache Gottes große Werke in Christo gleichsam mit neuen Zungen verkündigt. Ja, wo man wirklich glaubt, daß es eine ewige, objektive Wahrheit zur Seligkeit giebt, die genügend erkannt und nicht ohne unberechenbaren Schaden verkannt werden kann, da muß nothwendig diese Überzeugung zum Vorschein treten; da muß sie Gleichgesinnte vereinigen; da muß sie sich früher oder später im gemeinsamen Bekenntniß äußern. Wohlan, mitten in allen Stürmen der Zeit wird eine theologische Richtung auf desto längere Lebensdauer rechnen können, je mehr sie hinleitet zu und ihrerseits getragen wird von einer gläubigen und bekennenden Kirche. Selbstständigkeit der Theologie und Kirche, jeder auf dem ihr angewiesenen Gebiete, ist nothwendig, aber dauernde Trennung beider nicht blos für letztere, sondern auch für erstere verderblich. Ein rationalistischer Exeget des vorigen Jahrhunderts klagte einmal, daß über die Texte der Schrift geprebigt werden müßte; das, sagte er, wäre der Grund so mancher willkührlichen Versuche, aus den heiligen Worten herauszuholen, was auch nicht im Entferntesten darin läge. Der gute Mann vergaß, daß ohne diesen tief beklagten Gebrauch wahrscheinlich überhaupt kein Lehrstuhl für die exegetische Theologie bestanden haben würde. Wie die Theologie aus der Gemeinde hervorgegangen ist, nicht umgekehrt, so ist sie ihrerseits berufen, der Gemeinde zu dienen, zu bauen und vorzuleuchten. Die Theologie, welche mit dem Glaubensbewußtsein des lebendigen Theils der Gemeinde hochmüthig und unwiderruflich bricht, seufzt früher oder später unter dem Bann völliger Unfruchtbarkeit. Nicht die Kluft unnöthig vergrößern, welche die Wissenden von den Glaubenden trennt, sondern möglichst auszufüllen, das ist der Beruf des ächten Dieners der Wissenschaft. Es kann zeitweilige Spannung bestehen, aber sie muß endlich zur Aufklärung

und Versöhnung führen. Auf die Frage: welche Theologie
hat auf eine Zukunft zu rechnen? antworten Glaube und
Erfahrung: diejenige, welche am innigsten mit der Gemeinde verbunden ist, deren Glaubensbewußtsein sie nicht
blos ausspricht, sondern auch befestigt und läutert.
Und nun noch einen Zug, aber hier genügt ein
bloßer Fingerzeig. Dann allein, wenn das christliche
Leben die Krone unserer theologischen Wissenschaft ist,
hat diese Wissenschaft kein Sterben zu fürchten. Das
christliche Leben des Theologen selbst meine ich, das, wenn
es wohl mit ihm steht, wie Melanchthon muß erklären
können: „ego mihi conscius sum, nunquam aliam
ob causam theologiam tractasse, nisi ut me ipse
emendarem“. „Nunquam aliam ob causam“, so
steht wirklich und buchstäblich da: „niemals aus einem
anderen Grunde die Theologie behandelt, als um selbst
besser zu werden“, — nein, wahrlich, eine Theologie, die
aus dem Leben geboren eine solche Kraft im Leben und
durchs Leben zeigt, sie braucht keinen Sturm zu scheuen. —
Meine Herren, immer häufiger wird der christliche Theologe,
der mit beharrlichem Muthe auf das große Übernatürliche, auf
das Wunder aller Wunder hinweist, in Vieler Augen ein
Sonderling, ein Zurückbleiber, ein Thor. Muß man ihn
aber nicht zugleich einen Heuchler nennen, wenn seinem
orthodoxen Glauben durchweg ein mehr als freisinniger
Wandel widerspricht, und ist es dem Weltmanne übel zu
nehmen, wenn er oft nicht ohne Bitterkeit die Bemerkung
macht, wie der sittliche Charakter manches Zweiflers hie
und da höher steht als der des sogenannten Gläubigen?
Ein heftig bekämpfter Glaube kann unmöglich die Welt
überwinden, wofern er nicht immer höhere Kraft im Leben

zeigt. Was nicht einmal wissentlich in bir selbst lebt, wie willst bu, daß es bich überleben soll? Es ist klar, erst bann kann unb wirb, wie unser Glaube, so auch unsere Theologie bie Feuerprobe bestehen, wenn sie innerlich wahr ist. Erst bann zeigt sie sich als wahr, wenn sie mit bem Leben zusammen gewachsen erscheint, benn, wie bas Recht, so ist bie Wahrheit im Grunde eine sittliche Macht, ober — sie ist eigentlich nichts.

Ich resumire. Auf bie Frage: „welche Theologie ist im Stanbe, bie Stürme bieser Zeit zu bestehen", lautet bie Antwort: „biejenige, beren Prinzip ber persönliche Glaube, beren Grunblage bas Evangelium ber heiligen Schrift, beren Mittelpunkt ber historische Christus, beren Stütze bas erleuchtete Gewissen, beren Losung ber wahre Fortschritt, beren Zweck bie bekennenbe Gemeinbe, beren Krone bas christliche Leben ist". Von Zweien Eins: entweber für gar keine Theologie, wie für gar keine Kirche ist in unserer Zeit etwas zu hoffen außer Tob unb Verberben, ober sie kann bas Wort bes berühmten Dichters wieberholen: „L'avenir, l'avenir, l'avenir est à moi." Ihr Name? Aber was thut schließlich ber Name zur Sache? Entstehen boch auch bie Strahlen, bie ich anbeutete, blos aus ber Strahlenbrechung bes reinen, ungefärbten Lichtes burch ben Regenbogen. Nenne sie, wenn bu willst, bie mobern-supranaturalistische, bie christlich-orthoboxe, ober auch bie evangelische in solchem Sinne, baß sie sich an bie unveränberlichen Hauptwahrheiten von Evangelium unb Reformation anschließt, womit es sich inbeß sehr wohl vereinigen läßt, baß ihr Vertreter mit bem Hauptinhalt bes Bekenntnisses einer besonbern Kirchengemeinschaft von Herzen

8*

übereinstimmt. Welchen Namen sie auch trage, halte dich
mit mir überzeugt, daß eine Theologie, die von solchen
Prinzipien ausgeht und sich ein solches Ideal vor Augen
stellt, noch immer auf eine Zukunft hoffen kann. Müßte
dann und wann auch ihr Vertreter eine schmerzliche Niederlage erleiden, so würde es ihm noch immer ziemen, nach
dem sinnreichen Lobspruche zu streben, dessen der römische
Senat nach dem unglücklichen Schlage bei Kannä den Feld-
herrn Terentius Varro würdig hielt, „daß er an der
Rettung des Vaterlandes nicht verzweifelt habe".

Auf dem Wege, den ich andeutete, sehe ich Vorgänger
vor mir, deren Namen die Wissenschaft und die Kirche des
Herrn mit Liebe und Bewunderung nennt. In fernem
Abstande trachte auch ich ihren Fußstapfen zu folgen; es
entsteht am Ende nur die Frage, meine Freunde, ob Sie
mir darauf mit folgen wollen? Was mich betrifft, ich
setze diesen Weg ohne Zaudern fort, denn in manchem
Tone unseres Jahrhunderts, worin andere blos den
Schwanengesang der sterbenden Theologie vernehmen, höre
ich mitten in der Dämmerung vielmehr den Hahnenschrei,
der den kommenden Morgen verkündigt. Ob aber dieser
Morgen auch für Sie der helle Vorbote eines reich geseg-
neten Tages sein wird — Sie wissen selbst, von wem
das an erster Stelle abhängt. In ernster Zeit und unter
ernstem Streit bereiten Sie sich zu der großen Aufgabe
Ihres Lebens vor. O glauben Sie nicht, daß ich Sie zu
finsteren Pessimisten, noch weniger zu trockenen Stuben-
gelehrten zu machen wünsche; der doctor umbraticus, den
Rhuntenius so geistvoll schildert, ist ebenso wenig mein
Ideal wie das Ihrige. Wandeln Sie frei und fromm
und fröhlich dem kommenden Tage entgegen; nur vergessen

Sie nicht, es ist Sturm am Himmel, und seien Sie nicht wie der Vogel Strauß, der seine Augen vor der drohenden Gefahr schließt, als wäre er ihr nun auch entwichen. Es ist Sturm am Himmel, aber „der Herr ist wohl in diesem Sturmwind"; er dient dazu, das todte Holz vom Baume des Reiches Gottes zu entfernen und das dürre Blatt so weit als möglich weg zu schaffen, aber auch um die zähe Wurzel desto tiefer in den Grund bringen zu lassen. „Denen, die Gott lieben, müssen alle Dinge zum Besten dienen"; sollte dieses Wort auf alles, und nicht auf das Gebiet unseres Studiums anwendbar sein? Sehen wir blos zu, daß der Orkan das heilige Feuer auf unserem Altar nicht auslösche; ohne Zweifel bedarf unsere Zeit des Lichtes, aber noch mehr der Wärme. Die gläubige Theologie, zur Zeit die theologia pressa, wie könnte sie je als eine theologia victrix hervortreten, wenn es ihren Streitern an Muth, an Ausdauer, an heiligem Eifer mangelte!

Noch einmal darum: „bauen und vertrauen", und wollen Sie dazu Ihre Kraft erhöht und erhalten sehen? Meine Herren, als ich Ihnen voriges Jahr die Frage vorhielt: „sollen wir noch Theologie studiren oder nicht?" da ist Ihnen von einer ganz andern Seite der wohlmeinende Rath gegeben, Ihre Zuflucht zum „Spiritismus" zu nehmen, und von den Geistern der Verstorbenen eine Antwort auf Ihre dringendsten Fragen zu verlangen.*) Ich weiß nicht, ob Sie den Rath befolgt haben; wo nicht, darf ich Sie darum, daß Sie denselben verschmäht hatten, nicht beschweren. Jetzt aber, wo ich fragte: „welche Theologie

---

*) in einer Broschüre über dieselbe Frage von J. Revius. Amsterdam 1866.

wird es fein", jetzt fage ich auch zu Ihnen, aber Sie begreifen, in welchem Sinne: ja, rufen Sie Geifter auf, Geifter in Ihrer einfamen Studierftube, die Sie nicht vor Ihrem Auge auffteigen fehen können, ohne daß Sie fich zu höherem Leben und Wirken infpirirt fühlen: die wohl- bekannten Geftalten eines Vaters, einer Mutter, eines Freundes, einer Geliebten, die Sie mit einem bedeutfamen Winke zu ermuntern fcheinen, nur ruhig vorwärts zu gehen; die klugen, mächtigen Geifter fo vieler hervorragender Männer, die durch Wort und Schrift fort reden, Theologen, Reformatoren, Kirchenväter, Apoftel, Märtyrer, Propheten, die jetzt Ihnen wie Ein Mann zuzurufen fcheinen: „wer alfo bauet, der wird nicht zu Schanden werden"; vor allem das heilige, freundliche, himmlifche Bild Deffen, dem Sie ja nicht in träger Ruhe, fondern in treuem Streite zu dienen wünfchen. Der ftille Umgang mit folchen Geiftern, mit dem Vater der Geifter vor allem, hat eine heilige, befeelende Kraft. Nach einer folchen einfamen Stunde tritt man getroft wieder auf den Kampfplatz, und zwei Worte umfaffen fchließlich die ganze Lebenserfahrung: „victus vincam". „Überwunden will ich über- winden" — es ift meine Lebenslofung; fie fei, fie bleibe, fie offenbare fich als die Ihrige! So fei es.

IV.

Von welchen Theologen ist etwas Gutes für die Zukunft der Kirche zu erwarten?

———

September 1867.

Meine Herren und Freunde!

Da stehen wir wieder am Eingange der neuen Bahn und sehen getrost um uns hin und mit froher Hoffnung in die Zukunft und — doch auch dankbar zurück? Ich wenigstens sage ja, besonders wenn ich einer Woche gedenke, die nach meiner Meinung die schönste in der abgelaufenen Ferienzeit war. Sie vermuthen schon, auf welche Tage ich anspiele, auf Versammlungstage des Evangelischen Bundes in dem jüngsten Augustmonat. Diese Tage, ich leugne es nicht, bleiben in der That für mein Herz unvergeßlich; die Allianz ist wie ein Bote des Friedens mitten in allem Streit unseres Jahrhunderts vor unsern Augen vorbeigeschwebt, wie eine Erscheinung aus einer bessern Sphäre, die nicht verschwand, ohne eine Lichtspur zurück zu lassen. Sie alle hätte ich wohl in jenem schönen Parksaal zu treffen gewünscht, wo Ihnen beim Eintritt das Anagramm der Namensbuchstaben des Erlösers sofort ins Auge fiel mit dem sinnreichen *MIA ΠΟΙΜΝΗ, ΕΙΣ ΠΟΙΜΗΝ* darunter, während zur Rechten und Linken, gleichfalls mit goldenen Lettern, evangelische Kernsprüche glänzten und die Wappenschilder der protestantischen Nationen, abwechselnd mit den Namen der vornehmsten Helden des Reformations=Jahrhunderts, die Bilder einer glanzvollen Vergangenheit von selbst vor Ihrem Auge aufsteigen ließen. Ihnen allen hätte ich einen Abend in jenem lieblichen, fröhlich erleuchteten Garten gegönnt, wo unter dem ge= stirnten Sommerhimmel das prächtige „die Himmel erzählen des Ewigen Ehre" schon von Ferne aus dem Munde eines geübten Sängerchors Ihnen entgegen klang. Sie alle namentlich unter den Zuhörern bei so mancher begeisterten und begeisternden Rede gewünscht, worin die höchsten Lebens= fragen auf eine meist interessante, bisweilen vortreffliche Weise besprochen wurden. Am liebsten aber hätte ich Sie zu Genossen des Genusses machen mögen, der aus dem Zusammensein und Austausch so vieler und darunter so vortrefflicher Männer erwuchs, die trotz ihrer sonst nicht unbedeutenden Verschiedenheit doch in dem Bekenntniß der großen Hauptsache von Evangelium und Reformation zu= sammenstimmten — vor der Welt ein ermuthigendes Zeichen, daß die trostlose Weisheit des Unglaubens, welche so viele Stimmen und Stimmlein von Nah und Fern verkündigen, doch noch nicht überall Echo gefunden hat. Sie hätten darunter kennen und schätzen lernen können, einen Apostel des Glaubens wie Tholuck, der schon zweimal in seiner Umgebung den Rationalismus in verschiedener Form hat aufleben und besonders auch durch seinen Einfluß verschwin= den gesehen; einen Zeugen der Wahrheit auf dem Katheder der Geschichte wie einen Rosseeuw St. Hilaire, der gegen= über den begabtesten und einflußreichsten Repräsentanten des Naturalismus und Positivismus mit Ehren das Banner des Kreuzes emporhält; einen christlichen Schriftsteller wie Bungener; einen Theologen wie de Pressensé; einen Vater in Christo wie den greisen Guthrie; Prediger wie Persier, b'Hombres — ich setze die Namensliste nicht fort, doch ich versichere Ihnen, es that vielen wohl, dort zu sein. Was mich an meinem Theil, indem ich den einen und andern sprach und hörte, immer auf's Neue ergriff? Das war der Eindruck, daß ich Männern begegnete, die nicht blos etwas Bedeutendes sagten und thaten, sondern selbst etwas sehr Bedeutendes waren, die, um ein Wort zu gebrauchen, das sich schwer übersetzen läßt, „qui payaient de leur propre personne", und auf deren Wirksamkeit man kaum hinblicken konnte, ohne an das Wort des deutschen Dichters zu denken:

„Es gilt, man sage was man will, doch endlich die Person."

Nein, hier waren, um den Gegensatz eines andern Dichters anzuführen, „nicht blos Orgeltöne", sondern gewiß und wirklich „Personen"; Menschen, denen es sichtlich nicht darum zu thun war, etwas Schönes und Fesselndes zu sagen, sondern die wirklich etwas zu sagen hatten, was ihnen selbst sehr am Herzen lag. Kein Wunder, daß sie selbst auf Fremde oder Gegner bisweilen einen gar tiefen Eindruck machten. Aber kein Wunder auch, daß es mir, und gewiß nicht mir blos, einmal wieder immer gewisser und klarer wurde: es kommt an erster Stelle darauf an, nicht blos welche Theologie wir die unsrige nennen, sondern vor allem, welche Theologen wir sind. Und so wird mir denn auch der Gegenstand für dieses erste Wort im neuen Universitätsjahr wie von selbst an die Hand gegeben. Gerade wie im vorigen Jahre schließt es wieder an ein früheres sich an. War es damals die Frage: „welche Theologie ist im Stande, die Stürme dieser Zeit zu bestehen", so bitte ich jetzt einen Augenblick Gehör für die Frage:

„Von welchen Theologen ist etwas Gutes für
die Zukunft der Kirche zu erwarten?"

Eine Frage — natürlich nicht nach Personen, sondern
nach Prinzipien — deren Wichtigkeit und zugleich deren
Schwierigkeit Sie sofort mit mir einsehen. Sie betrifft
die Zukunft, und die Zukunft — steht sie nicht vor uns
wie eine dicht verschleierte Gestalt, die blos winkt, aber —
nicht redet? Die Zukunft der Kirche; aber „haben wir noch
eine Kirche?" so wären wir bisweilen geneigt zu fragen.
Die Zukunft der Kirche in unserer Zeit; aber gäbe es ein
so tiefes Räthsel wie das, welches diese Zeit selbst unsern
Augen zeigt? Schon sind reichlich zwei Drittel des neunzehnten Jahrhunderts nach Christo zu Ende, und noch wagt
es Niemand, die Signatur bestimmt zu nennen, wodurch
später dieses Jahrhundert von dem ihm vorangehenden und
nachfolgenden unterschieden werden wird. Ein rastloser
Proteus, wie er ist, lacht der Geist des Jahrhunderts dich
oft ins Angesicht aus, wenn du ihn photographiren willst,
und tritt (zum wievielsten Male?) dir in einer andern
Gestalt entgegen. Wie wirst du es endlich nennen, Ge-
schichtschreiber der Zukunft: das Jahrhundert des Friedens
vielleicht? Aber es prahlt mit Zündnadelgewehr und ist
mit seinen gezogenen Kanonen noch nicht zufrieden. Der
Freiheit? Aber der Cäsarismus schreibt ihm das Gesetz.
Der Humanität und Cultur? Aber Abgründe entdeckst du
unter Blumenbeeten, wovor du mit Schauder zurückbebst.
Täglich wächst das Material beides für Lobgedichte und
Klagelieder an; vielleicht wäre noch der Name Jahrhundert
der Gegensätze oder der Extreme der beste Titel von allen,
und was namentlich das Gebiet der Kirche und Theologie
betrifft, ein Zeitraum — ich habe eine gewisse Vorliebe

für das Wort — von „grenzenloser Verwirrung". In
einer solchen Zeit, die so viele Überraschungen gebiert, daß
man sich zuletzt über nichts mehr wundert, wird ein bedächtiger Mann sich wohl zweimal bedenken, ehe er auch nur
für einen Augenblick die Toga mit dem Prophetenmantel
vertauscht. Ich denke denn auch nicht daran, aus eigener
Machtvollkommenheit auf die aufgestellte Frage eine voll-
gültige und unfehlbare Antwort zu geben. Ich will einfach
mit Ihnen gleichsam lauschen und auf vier sehr verschiedene
Antworten achten, die wir zusammen in ernste Erwägung
nehmen wollen und aus welchen Sie selbst wählen können.
Wo Sie dann endlich stehen werden und was Sie wollen
oder nicht wollen, das brauchen Sie mir vorerst nicht zu
sagen.

————

1.

„Von welchen Theologen ist etwas Gutes für die Zukunft der Kirche zu erwarten?" Es ist nicht mehr als
natürlich, daß auf diese Frage das erste Wort auf jener
Seite gegeben wird, wo man das höchste Wort führt.
Lauschen wir also zuerst der Antwort der sogenannten
m o d e r n e n W e l t a n s c h a u u n g. Ich erspare Ihnen
diesmal das, was von der äußersten Linken Ihnen entgegen klingt, vom Geiste des Antichristenthums und des
Atheismus unserer Tage, der auch im abgelaufenen Uni-
versitätsjahre sich hie und da auf eine Weise geäußert
hat, wodurch nicht blos das religiöse Gefühl, sondern auch
die Bildung und der gute Geschmack beleidigt wurde. Ach,
es ist offenbar, das Wort, welches der römische Caracalla
einmal in Bezug auf seinen Bruder Geta hören ließ:

„sit divus, dum non sit vivus" — „man vergötterte ihn, wenn man ihn nur nicht länger unter die Lebenden zählt", es ist der treffende Ausbruck der Gesinnung, welche immer mehrere unter allen Ständen gegen den Christus des Evangeliums beseelt. Für die also Gesinnten ist es natürlich ein Axiom, daß (wie Jemand irgendwo gesagt hat) „der Schlüssel der Kirche nicht mehr im Schlosse der Zeit paßt". Theologie wird da gleichbedeutend mit Monomanie, und Kirche identisch mit Kerker für den, der es nun einmal auf die Emancipation des Geistes und — des Fleisches abgesehen hat. Wir lassen das alles für den Augenblick ruhen, leihen dagegen denjenigen Aposteln und Propheten der modernen Weltanschauung das Ohr, die mit der Religion noch nicht völlig gebrochen haben und sich innerhalb der Mauern der Kirche — sie mögen selbst zusehen, mit welchem Rechte — wenigstens als solche betragen, die noch bleiben wollen. Doch kann auch ihre Antwort der Natur der Sache gemäß nicht besonders ermuthigend sein. Die Kirche, wovon sie träumen, ist ja keine Vereinigung von Menschen, die zusammen eine ewige, am wenigsten eine übernatürliche geoffenbarte Wahrheit bekennen, vielmehr ein Kreis solcher, die zunächst die Befriedigung ihrer individuellen religiösen Bedürfnisse suchen und dann auch wohl von Zeit zu Zeit einmal ein dahin einschlagendes Wort aus einem gebildeten und begabten Munde hören wollen. Der Prediger des Evangeliums (insofern hier noch von Evangelium die Rede sein kann) ist ihnen hinfort ja nichts mehr als „un monsieur habillé en noir, qui dit des chôses honnêtes"*).

---

*) Le Maistre.

Solche Theologen sind deshalb auf diesem Standpunkt die besten, die am wenigsten mit ihrer Theologie hervortreten, welche ja eigentlich keine Wissenschaft ist oder doch eine Wissenschaft, von der niemand was Rechtes weiß. „Willst du sie noch nicht verlassen, immerhin" (so klingt es von jener Seite Ihnen entgegen), „aber dann am liebsten so viel als möglich Religion und Moral, so wenig als möglich Theologie. Predige die Religion Jesu, natürlich abgesondert von seiner Weltanschauung, d. h. trachte die Menschen so gottesfürchtig und menschenliebend zu machen wie Er war, und laß im Übrigen auch bei der Hoffnung des ewigen Lebens ein mehr oder weniger deutliches Fragezeichen stehen. Was du so der Gemeinde vorträgst, seien deine Meinungen, womit du unsertwegen dreist immerfort wechseln kannst, aber wofür du dann auch nicht fordern mußt, daß irgend ein Kind des Jahrhunderts die seinige aufgeben soll. Es ist sogar möglich, daß man dich mit diesen Privatmeinungen zuletzt allein läßt, doch was thut's? Eine der Absichten deiner Predigt ist doch auch, dieses Predigen und Kirchengehen allmälig mehr überflüssig zu machen, und wenn immer mehrere dieser alten Form entwachsen sind, dann wird die Kirche ein freier Verein zur Beförderung von Religion und Sittlichkeit, welcher allmälig in die moderne Gesellschaft sich auflösen kann."

Ich stelle mir vor, meine Herren, daß dieses erste Wort wirklich das letzte Wort von Wahrheit und Weisheit enthielte. Wissen Sie, was ich Ihnen dann sofort empfehlen würde? Das ganze Studium der Theologie nur für immer aufzugeben, denn wenn, wie aus dieser Behauptung folgen muß, die christliche Lebensanschauung von der blos natürlichen nicht wesentlich verschieden ist, die, so weit man es jetzt noch verfolgen kann, zuerst Jesus mit einem früher ungekannten Nachdruck ausgesprochen hat, dann hat im Grunde der Sache die christliche Kirche als besonderer Leib in und gegenüber der Welt alle raison d'être verloren; und kann sie sich nicht aufrecht halten, wozu dann schließlich noch theologisches Studium, es sei denn als eine interessante specielle Liebhaberei? Was mich indeß die belauschte Antwort schon sogleich mit einem gewissen Argwohn anhören ließ, das ist die täglich sich erneuernde Wahrnehmung, daß bei der vermeintlichen Richtung das Bewußtsein von Lebenskraft (um keinen stärkeren Ausdruck zu gebrauchen) wenigstens mit den Jahren nicht zunimmt. Im Gegentheil, ihre Vertreter holen mit Mühe Athem in der Atmosphäre derselben Kirche, die für das Wohlsein der Seele und sogar des Leibes besonders schädlich scheint, und auch die Kirche bleibt für ihr eigenes Interesse so blind, daß sie die Hülfe von dieser Seite mit einem immer lauteren „non tali auxilio" abweiset. Sie übernimmt, was ihr aufgetragen wird, hier mit einem Zuge der Ungeduld, dort der Schwindsucht auf dem kranken Antlitz; aber von aufgedrängten Gunstbezeugungen übersättigt sieht sie sich inzwischen nach etwas Anderem um und zeigt sich weder dankbar, noch befriedigt über das neue Evangelium, das man ihr an die Stelle des alten bringt. Und ist das zu verwundern, wenn das fortgesetzte Streben, die Grenzlinien zwischen dem Heiligen und Unheiligen, dem Göttlichen und dem blos Natürlichen auszuwischen, im Gewissen auf immer lauteren Widerspruch stößt, und kein denkender Geist es sich länger verhehlen kann, daß der Naturalismus in seiner consequenten Entwickelung nicht blos für Kirche und Christenthum, sondern für alle Religion

zuletzt töbtlich wird? Ist es so unbegreiflich, daß man
es schwerlich im Leben lange aushalten kann, Vorgänger
in Gebeten zu sein, an beren Kraft man nicht länger
glaubt, ober feierliche Handlungen zu verwalten, die hinfort zu einer sinnlosen Form geworden sind? Es ist nun
einmal nicht anders; das Beste, was der Moberne weiß,
kann er in ber Regel bei ber Gemeinbe nicht anbringen,
unb mancher, will er sonst aufrichtig sein, wirb wohl bas
Geständniß wiederholen, welches ber interessanteste unserer
vaterländischen Apostaten hören ließ *): „Ich habe nie er-
baulicher geprebigt, als wenn ich mich eines Plagiats bei
einem Ganzen von Betrachtungen unb Darstellungen schulbig
machte, welche bie meinen nicht waren, ober, weit richtiger
gesagt, bie in Verbinbung mit meinen philosophischen Prä-
missen es nicht mehr sein burften." Solche Geständnisse
geben uns, wie ich meine, etwas zu benken unb machen
uns bie Schlußfolgerung leicht. Es wäre unebelmüthig,
in biesem Augenblick bie moberne Richtung nach allem, was
sie schon verloren hat, mehr als wirklich nöthig zu beschweren; boch bas scheint wohl gewiß: auf ihrem gegenwärtigen unterhöhlten, abschüssigen, von immer mehreren
verlassenen Grunde kann sie sich auf bie Dauer unmöglich
behaupten. Sie muß entweder vorwärts zu kühnerer Verneinung unb bafür eintreten, baß bas alte Evangelium
so gut wie unbrauchbar ist für bie heutigen moralischen
unb sozialen Bedürfnisse ber Menschheit; aber bann wird
auch überall, wo noch ein Minimum von Christlichkeit
übrig geblieben ist, sich ein Gewissensschrei hören lassen, ber

---

*) Pierson, Gottes Wunbermacht unb unser geistliches
Leben (Amsterbam 1867), S. 82.

sich nicht schnell stillen läßt. Oder sie wird still stehen müssen, sich besinnen und — was nicht leicht ist — sich ein wenig bücken müssen, um das Eine oder Andere aufzuraffen, was sie etwas gar zu schnell fallen ließ. Ob eine Schrift, wie z. B. die kaum erschienene „Geschichte Jesu von Nazara" von Professor Keim, die in gewisser Hinsicht ein Zeichen der Zeit genannt werden kann, für sie vielleicht das Vorzeichen innerlicher Erneuerung sein kann, die später zu wichtiger Retraktation führen kann? Wir wollen es hoffen; aber in diesem Falle wird dann auch die moderne Richtung bis auf einen gewissen Grad etwas anderes, als sie gegenwärtig ist. Ich habe ihre gegenwärtige Gestalt im Auge und davon darf ich mit gewisser Freimüthigkeit vorhersagen, daß sie sicher etwas rascher vorbeigegangen sein wird als der christliche Offenbarungsglaube. Aber darum darf ich denn auch Niemandem rathen, sein Glück auf eine Karte zu setzen, die schon während des Ausspielens der Hand der Spieler entfällt.

2.

„Von welchen Theologen ist etwas Gutes für die Zukunft der Kirche zu erwarten?" Lassen Sie uns zweitens die Antwort des radikalen Orthodoxismus hören. „Lange genug", so lautet sie, „mit der Freiheit der Wissenschaft kokettirt; es ist Zeit, daß man zu der Ordnung zurückkehre, die allein durch strenge Handhabung kirchlicher Autorität erworben wird. Im Kampfe mit der Wissenschaft kannst du doch unmöglich den Sieg gewinnen; ziehe dich zurück, jugendlicher Streiter, in die Festung, die zwar beschossen wird, aber noch nicht eingestürzt ist. Zwischen

modern und conservativ ist nun einmal ein solcher Unterschied im Prinzip, daß die Schwerter einander nicht mehr
berühren, während auch die Streiter nicht mehr einer des
andern Sprache verstehen. Klammere dich fester als je an
das Wort von Schrift und Bekenntniß; tritt selbst vor
dem Schein der geringsten Concession zurück und laß es
fortan heißen: alles oder nichts. So erst stehst du fest
allen gegenüber, befestigst die wankenden Schritte Anderer
und — förderst dein eigenes Interesse. Oder, siehst du
nicht, daß von Seiten der Verneinungspartei die Aktien
hie und da fallen, während die der Conservativen ein
merkliches Steigen bekunden? Überall erwacht die Reaktion zu Gunsten der letzteren, und es läßt sich leicht vor-
aussehen, daß dies vor der Hand zunehmen wird. Kann
es noch zweifelhaft sein, auf welche Seite du dich schaaren
mußt? Empor die Fahne, worauf das Wort geschrieben
steht, das auch für den Protestanten seine Bedeutung hat:
‚vindicamus hereditatem patrum nostrorum‘, und
die Wahl zwischen zehn Pfarreien ist dein und die nächste
Zukunft der Kirche ist gesichert.‘

„Die nächste Zukunft“, so sagt man uns. Aber ist
auch die nächste die fernste und sollte wirklich der guten
Sache auf diesem Wege dauernd gedient sein? Meine
Herren, gestatten Sie mir auf diese Frage zu schweigen;
nein, lassen Sie mich lieber mit der Offenherzigkeit, die
Sie an mir kennen, antworten dürfen. Es liegt in der
so eben angedeuteten Reaktion für Sie und Viele eine
große Gefahr, worauf ich mich gedrungen fühle, Sie mit
allem Ernst der Liebe hinzuweisen. Ich selbst bin, es
kann Ihnen nicht unbekannt sein, was man gewöhnlich
orthodox nennt, und ich schäme mich dieser Benennung

nicht. Die Hauptwahrheiten — um dieses weniger glück-
liche Wort zu gebrauchen — von Evangelium und Reformation, die jetzt aufs heftigste bestritten werden, halte ich
mit voller Überzeugung fest; das noch nicht zerrissene Bekenntniß unserer Kirche, im Geiste der heiligen Schrift verstanden, unterschreibe ich mit einem guten Gewissen. Aber
gerade darum meine ich ganz in meinem Rechte zu sein,
wenn ich einen Unterschied mache zwischen einer milden,
breiten, evangelischen Orthodoxie, wie ich sie verstehe, die
in erster Stelle christlich, in zweiter protestantisch und erst
in dritter reformirt zu sein wünscht, und zwischen einem
Orthodoxismus, der der Felsen der Kirche der Zukunft
werden will, während er schon geraume Zeit zum Petre-
fakten an sich selbst geworden ist. Verkennt nicht jene
Krankheitserscheinung, die sich immer wieder im Eifer für
abstrakte Begriffe offenbart, als hinge davon am Ende die
höchste Seligkeit ab; im Verdächtigen alles dessen, was
neu ist, und wenn es auch noch so wahr und gut ist;
im Streiten für die Kirche, mit Einem Worte, als wäre
von dieser zu erwarten, was blos der Herr zu geben hat?
In seiner ganzen Unliebenswürdigkeit tritt er Ihnen entgegen z. B. in der lutherischen Kirche von Hannover oder
Mecklenburg, wo man das christliche Abendmahl zu einem
exklusiv lutherischen Kirchenmahl macht. In seiner Consequenz (oder muß ich sagen: in seiner Entartung) sehen
Sie ihn in so mancher hochkirchlichen Partei, die (wie gegenwärtig Hengstenberg) sich selbst nicht scheut, an dem materialen
Prinzip der Reformation zu rütteln, und einen schmachtenden Blick nach Rom wendet. Aber auch in Holland lebt
diese Richtung, tausendmal todt erklärt, fort und sucht
sogar hie und da das verlorene Terrain wieder zu ge-

winnen. Durch und durch intellektualistisch, formalistisch, sektirerisch, wie sie ist, riecht sie die Ketzerei schon auf eine Stunde Entfernung und meint schon die Ketzer geschlagen zu haben mit der Berufung auf ein einziges „es stehet geschrieben", nicht einmal in Bibel oder Bekenntniß, sondern in dem Ihnen kaum mit Namen bekannten Buche eines in ihren Augen vollwichtigen Schriftstellers. Eben so unpsychologisch als irrationell legt sie auch dem jungen Prediger, der kaum auf der Universität den Sturm und Streit des Jahrhunderts innerlich mit durchlebte, die Forderung auf, daß er ihr sogleich Gold zeigen soll, das in ihrem Feuer erprobt ist, Gold der Rechtgläubigkeit, an dessen vierundzwanzig Karaten kein einziges Äpchen fehlen darf, und würde schon mit gehörig abgerichteten Dienern des Evangeliums zufrieden sein, wenn sie nur die von Alters bekannten und geliebten Klänge hören lassen. Ich übertreibe nicht, meine Herren, ich schildere das Übel nach dem Leben, das in seiner Art nicht minder traurig als der schamlose Unglaube erscheint, und mich, ich leugne es nicht, oft eben so sehr mit stillem Kummer für die Zukunft der Kirche wie für die Ihrige erfüllt. Sollte es möglich sein, frage ich bisweilen mich selbst, daß der entsetzliche Streit unserer Tage keinen anderen Ausgang nähme, als daß der Perpendikel, für eine Weile nach der äußersten Linken gezogen, jetzt nach der äußersten Rechten fortgeschleudert wird und daß an Stelle der Negation, die sich selbst bald todtgelaufen hat, nun einfach ein anderes Ultra zu Worte käme, das nichts gelernt und ebenso wenig vergessen hat? Möglich, daß dieser oder jener aus leicht erklärlichem Widerwillen gegen Verneinung und Zweifel, besonders wenn sie sich mit schmählichem Leichtsinn paaren,

mit einer gewissen Übereilung und gleichsam mit ge-
schlossenen Augen in die offenen Arme würfe, welche die
Parteisucht der entgegengesetzten Seite ihm zustreckt!
Möglich, daß hie und da ein gewisser Vernunftschluß
a tutiori einen gar zu überwiegenden Einfluß auf die Wahl
der theologischen Richtung hatte, so daß der eine und
andere etwas gar zu rasch zu rufen anfing: „gefunden",
ehe er mit allem Ernste gesucht hatte! Möglich, mit
Einem Worte, daß man die Rechtgläubigkeit sich aneignete
wie einen Raub, ohne daß man dadurch vor Gott und
seinem Gewissen ein heiliges Recht erworben hatte! Ach,
nichts ist gefährlicher, als zu einer früher unterdrückten
Partei, die zu siegen beginnt, zu gehören! Sie mißverstehen mich, meine Freunde, noch einmal, Sie mißverstehen
mich doch nicht? Gesunde Orthodoxie ist etwas herrliches, aber
nur dann, wenn sie auf dem Wege eines inneren Ent-
wickelungsprozesses nicht gemacht, sondern geboren, Ihr persönliches Eigenthum wird. Auch vor strenger Orthodoxie
habe ich Achtung, aber nur insofern sie sich mit Wahrheit im Innersten verbindet; im entgegengesetzten Falle ist
der Sauerteig der Pharisäer nicht besser als der der
Sadducäer. Orthodoxophobie ist verkehrt, aber auch von
Orthodoxomanie, die leicht an die Stelle treten könnte, ist
wenig Segen zu erwarten. Am wenigsten im Interesse
der wahren Rechtgläubigkeit selbst würde ich den Sieg des
Orthodoxismus wünschen; es kann damit gehn, wie auf
politischem und sittlichem Gebiete, daß die falsche Freiheit
die wahre tödtet. Aber ebenso wenig im Interesse der
christlichen Kirche im Allgemeinen oder der theologischen
Wissenschaft oder der modernen Gesellschaft, die sich keine
von allen auf die Dauer zu einem Standpunkt von zwei

Jahrhunderten früher zurückbrängen laſſen würden. Mit
einer blos äußerlichen Reſtauration des alten, heftig er-
ſchütterten Gebäudes möchte vielleicht die Oberflächlichkeit
meinen, wenigſtens für die nächſte Zukunft alles gewonnen
zu haben; aber laſſen Sie ſich warnen, hinter derſelben
liegt noch eine andere Perſpektive, und ich ſage Ihnen,
der eine Dämon, der aus dieſem Hauſe vertrieben ſchien,
würde nach kurzer Weile mit ſieben anderen zurückkehren.
Die Kirche unſerer Tage bedarf nicht eine rein mechaniſche
Geltendmachung, ſondern eine fortwährende Läuterung, Er-
friſchung, Entwickelung ihres Bekenntniſſes. Sie hat nur
dann eine Zukunft, wenn die Theologie ihren proteſtanti-
ſchen Charakter bewahrt, und nicht derjenige beherzigt ihre
Intereſſen am beſten, das Alte, welcher wie der unerbittliche
Wächter in der Mythologie die goldenen Äpfel im Garten
der Heſperiden bewacht, ſondern derjenige, welcher wie der
Schriftgelehrte im Evangelium Altes und Neues aus ſeinem
Schaße zum Vorſchein zu bringen weiß und das Wort eines
amerikaniſchen Theologen bedenkt: „Der Glaube muß in jedem
Punkt ganz und feſt, aber nie fertig, ſondern ſtets zur höheren
Entwickelung fähig ſein.“ *) Der Beweis, daß ich die
Wahrheit rede? Ich entlehne ihn von einer Seite, die
Sie unmöglich verdächtigen können, von der der Gegen-
partei ſelbſt. O, die Gegner der chriſtlichen Orthodoxie
ſähen nichts lieber, als daß ihre Vertreter ſo ſtationär,
ſo beſchränkt, ſo exkluſiv, laſſen Sie mich das häßlichſte
Wort nur gebrauchen, ſo nachtſchulartig als möglich wären,
alles natürlich im Namen der Conſequenz ihrer eigenen
Prinzipien und auf die Gefahr hin, als ein Halber, wer

---

*) Ph. Schaff, Kirchenfreund, 1852.

weiß, als ein Heuchler gescholten zu werden, wenn man auch nur noch irgend ein Auge und Herz für das zu haben scheint, was außer diesem engern Kreise verhältnißmäßig Wahres und Gutes gesagt wird. Auf diese Weise wollen sie theilen: für uns die Erhaltung, für sie der Fortschritt; für uns der Nebel des Glaubens, für sie das Licht der Wissenschaft; für uns die Kirchlichkeit, für sie die Humanität; für uns die Vergangenheit, für sie die Zukunft — aber mit Erlaubniß, mein werther Antagonist, mit dieser Theilung bin ich schwerlich zufrieden; dann lieber vorerst nur noch Streit. Und lehrt nun eine gute Taktik, daß man im Streite am wenigsten das thun muß, wozu uns ein listiger Feind zwingen will: mich dünkt, dann liegt schon wieder das Resultat unserer zweiten Erwägung auf der Hand. Die Zukunft der Kirche kann ebenso wenig den Conservativen quand même als dem modernen Naturalismus gehören.

3.

Und darum zum dritten Male: von welchen Theologen läßt sich etwas Gutes für die Kirche der Zukunft erwarten? „Ich will es wahrlich wohl glauben", so spricht eine neue Stimme, „daß du noch immer nach der einzigen befriedigenden Antwort suchst. Wer sucht auch in so unendlicher Ferne, was gleichsam vor den Füßen zu greifen liegt! Warum nicht einfach pro re nata gehandelt und blos zugesehen, daß du nichts verdirbst und dich bei Niemandem unmöglich machst? Das Schifflein der Kirche wird von hohen Wellen hin- und hergeworfen, mag sein; aber weißt du, was ich thue? Ich setze mich bedächtig abwechselnd balb auf die eine, balb auf die andere Seite des Bootes, immer der Seite gegenüber, wo es überzuschlagen droht; so halte ich das Boot und zugleich mich selbst im Gleichgewicht. Geben und Nehmen, mein Freund, o daß es besser begriffen würde, so würde es sicher etwas weniger Streitschriften und Kirchenlärm geben!" Erkennen Sie diese Stimme? Es ist die des **diplomatischen Transaktionsgeistes**, dem Berechnung als Prinzip gilt und der der „Wetterhahnsweisheit" huldigt: und in der That, das scheint sehr leicht. Sagte ich nicht schon, daß der Geist des Jahrhunderts einem Proteus gleiche: warum sollte denn nicht auch von Chamäleons-Theologen das Heil der Kirche zu erwarten sein? Ja, in abstracto und von weitem scheint das sehr leicht; aber es ist eigentlich sehr schwer, ja, es wird sich bald so gut wie unmöglich zeigen. Transaktion zwischen dem, was einander schnurstracks entgegen steht, zuletzt unmöglich — sollten wir uns darüber beklagen, meine Freunde, daß wir es endlich so weit gekommen sehen? Aber wohlan, rufen Sie sich noch einen Augenblick den kaum geschilderten theologischen Diplomaten vor die Seele und stellen Sie sich vor, daß der Prüfstein der Kantischen Moral: „mache deine Handlungsweise zu einer Maxime für alle", hier angewandt werden könne, mit andern Worten, daß alle Geister einmal einige Jahre hindurch von diesem Transaktionsgeist geleitet würden: glauben Sie wirklich, daß auf diesem Wege die Kirche ihrem Ideal auch nur um einen Schritt näher käme? als ob ein solcher Standpunkt nicht im Grunde der Sache unsittlich wäre und Abschwächung der Sittlichkeit den Sieg der Wahrheit beschleunigen könnte! Ein Friede, der unter dieser Bedingung gesucht, bewahrt oder wieder hergestellt

würde, wäre nach meiner innigsten Überzeugung für jede
der streitenden Parteien gleich verderblich und — ich
wiederhole es — gottlob immer weniger möglich! Selbst
bewaffnete Neutralität ist bei dem gegenwärtigen Stand
der Dinge undenkbar; Niemand kommt gewisser ins Gedränge, als wer es um jeden Preis vermeiden will.
Parteiwesen ist Sünde, aber Parteinehmen, ich sage
nicht: schon beim Beginn des Studiums, sondern beim
Beginn und Fortgange des Amtes ist Pflicht und wird
in doppeltem Maaße Pflicht, wenn die Gegner von Religion
und Christenthum uns das Beispiel reiner Offenheit und
Ehrlichkeit geben, die nicht genug gerühmt werden kann.
„Sei", so spricht mit dem höchsten Recht einer ihrer
talentvollsten Wortführer *), „im Gemüthe gläubig, und
ich will der erste sein, die Äußerung deiner ungeheuchel-
ten Frömmigkeit zu achten; aber erkennst du dich einmal
diesem Glauben entwachsen, wähne dann auch nicht, daß
ich es ungestraft hingehen lassen werde, wenn du in kirchlichen
Dingen der lieben Gemeinde ein X für ein U vormachst." Ich
wünsche Akt von dieser Erklärung zu nehmen. So sprechen die
N-Theologen in unserer Zeit es rund und klar genug aus, was
sie wollen und was sie nicht wollen; und Theologen sollten
in Ehrlichkeit und Zuverlässigkeit ihnen nachstehen und ein
vorsichtiges Laviren als die höchste Lebensweisheit ansehen
und immer so viel von Religion und Christenthum festhalten, daß sie wenigstens mit dem Schein von Recht ihre
Position bewahren können, übrigens aber abwarten, nicht
abgeneigt, eine andere Richtung zu nehmen, wenn früher
oder später der gewünschte Wind aus einer entgegengesetzten

---

*) Dr. J. van Bloten.

Ede wehen sollte? Meine lieben Freunde, und erwedte
Gott der Herr in unserer Zeit Theologen mit fünfmal
fünfzig Talenten ausgestattet: nicht bloß Talente sind es,
welche (insofern es von Menschen abhängt) die Zukunft
der Kirche verbürgen können, sondern Prinzipien, Charaktere,
Treue. Wer selbst schwach ist, wie soll er andere stärken;
wer einem Rohr gleicht, wie sollte er als Pfeiler in Gottes
Heiligthum stehen können; wer seinen eigenen Lauf ruhig
von dem rastlosen Strom bestimmen läßt, wie sollte er im
Stande sein, diesen Strom auch nur einen einzigen Schritt
in der gewünschten Richtung weiter zu leiten? Es ist
klar: je entscheidender die Zeiten werden, je mehr der
Streit zwischen Christenthum und Materialismus riesenhafte
Proportionen annimmt, desto mehr ist die einzig gültige
Diplomatie in der goldenen Regel enthalten: „Fais ce que
tu dois, advienne que pourra.“ Die Wahrheit gebiert
Haß, aber wer in keinem Falle sich einen einzigen Feind
machen will, der hat zuletzt Niemanden zum Freunde, am
wenigsten Gott und sein eigenes Gewissen. Der politische
Spekulant auf die Zeit ist sogar für das Heute zu klein,
wie sollte ihm das Morgen gehören? Die Zukunft der
Kirche gehört ebenso wenig einem sich selbst widersprechenden Naturalismus wie einem sich selbst überlebenden
Orthodoxismus, am allerwenigsten aber der Prinziplosigkeit
und Halbheit.

––––––

Wozu zögere ich denn aber noch länger, die Antwort
auf derjenigen Seite zu suchen, wo sie allein und auch
sicher zu finden ist? Wohlan, leihen Sie mit mir endlich
der Stimme der christlichen, von Glauben und

Erfahrung erleuchteten Weisheit das Ohr. Sie
sei unsere Führerin! Sie erwarten nicht, daß ich in allen
seinen Farben das Bild des Theologen schildern werde,
der ein Segen für die Zukunft der Kirche zu werden hoffen
darf. Die Grenze dieser Sprechstunde gestattet es nicht:
wozu auch wiederholt, was ich noch voriges Jahr bei einer
ähnlichen Gelegenheit sagte? Ich muß mich auf allgemeine
Winke beschränken, und auch diese liegen so auf der Hand, daß
ich nicht einmal meine Antwort auf die aufgestellte Frage
Ihnen aufzulegen, sondern blos aufzufangen und zu dolmetschen habe, was ich schon auf Ihren Lippen zu lesen meine.

„Von welchen Theologen ist etwas Gutes für die
Kirche der Zukunft zu erwarten?“ „Von den kundigsten,
von den am meisten universell entwickelten“, antworten
Sie sogleich, wenn Sie die Zeichen der Zeit verstehen;
und wer von uns sollte an Widerspruch denken! Ist das
Christenthum auch ohne die Hülfe der eigentlichen Gelehrsam-
keit oder Wissenschaft in der Welt gegründet, so kann es
ohne diese Hülfe unmöglich siegreich sich den Gegnern gegenüber geltend machen, die einen Schatz von Erkenntniß
und Scharfsinn zu ihrer Verfügung gestellt sehen, worauf
wir oft mit unverhohlener Bewunderung hinschauen. Überdies legt unsere Zeit — es ist ihr Ruhm und ihre Einseitigkeit zugleich — vor allem Gewicht auf das Wissen,
und wenn es passend wäre, das Horatianische: „medio-
cribus esse poëtis non licet“, auf die Theologen anzuwenden, so ist es wohl in unsern Tagen der Fall. Freilich wird dieses Dichterwort ebenso wenig, wie es das
Aufkommen zahlreicher mittelmäßiger Poeten verhindert hat,
auf uns angewandt, eine einzige theologische Mittelmäßigkeit abwehren können. Ich wünsche das auch nicht einmal,

denn auch das Eine Talent, treu gebraucht, kann reichliche
Zinsen versprechen. Ich wollte aber sagen, daß Niemand
mit der Mittelmäßigkeit unbedingt zufrieden sein oder sich
des Berufes entschlagen halten dürfe, nach dem Höheren,
dem Allerhöchsten zu streben. Schleiermacher meinte einmal Anlaß zu der bekümmerten Frage zu haben: „Soll
denn der Knoten der Geschichte so auseinander gehen: das
Christenthum mit der Barbarei und der Unglaube mit der
Wissenschaft?" Wahrlich, wenn unter uns je Veranlassung
entstände, die Alternative so zu stellen, daß am Ende der
wissenschaftliche Theologe der ungläubige, der Gläubige
unkundig und unwissenschaftlich wäre, so würde ich Sie und
mich selbst tief und am tiefsten die Kirche der Zukunft
beklagen. Wozu mehr? Sie stimmen dem Allem unbe-
bingt zu und preisen sich selbst glücklich, die Sie zu ihrem
Dienst sich ausbilden, nicht in den engen Wänden eines
Seminars, sondern in der frischen, elastischen Atmosphäre
einer hohen Schule, wo das Gebiet der menschlichen Kenntniß sich vor Ihrem Auge nach allen Richtungen ausbreitet.
O würdigen Sie ihre Vorrechte und hegen Sie mit mir
von ganzem Herzen den Wunsch, daß das Band, welches
die Pflege der theologischen Wissenschaft mit den vaterländischen Universitäten verbindet, auf die Dauer unzer-
brechlich bleibe und das „quis separabit" auch in dieser
Hinsicht die Prophetie einer heilsamen Zukunft sei!

„Aber", so fahren Sie nun selbst fort, „was nützt
Wissenschaft ohne Herzensfrömmigkeit? Den am meisten
christlich-gläubigen Theologen gehört die Zukunft der Kirche",
und Sie haben abermals Recht. Die Gemeinde des Herrn
bedarf und verlangt Hirten und Lehrer, bei welchen die
Wahrheit, die Sie verkündigen, wahrhaftig im Herzen lebt,

die Christum in all seiner Fülle predigen, nicht weil ihr Amt es so fordert, sondern weil sie es nicht lassen können zu reden von dem, was sie selbst inwendig gesehen und gehört haben; die mit Einem Worte Andere zu Ihm leiten können, weil sie selbst zu ihm geleitet und gegangen sind. Glücklich der Jüngling, welcher durch das Prinzip eines solchen lebendigen Glaubens sich antreiben ließ, Theologie zu studiren; doppelt glücklich, wer diesen Glauben nicht verliert, sondern bewahrt und mitten in der Feuerprobe läutert, der er mehr als je ausgesetzt ist! Ich denke dabei an das schöne Wort aus dem Tagebuche des zwanzigjährigen Franz Beyschlag — Sie kennen ja: „Das Leben eines früh Vollendeten", herausgegeben von seinem Bruder Willibald —: „Ich bin nicht auf die Universität gekommen, um mir das Christenthum beweisen zu lassen; aber doch glaube und hoffe ich, es wird dem Zweifel nicht gelingen, mir den Christus, der eine Stelle in meinem Herzen eingenommen hat, auf dem Papiere wieder weg zu demonstriren." „Der eine Stelle in meinem Herzen eingenommen hat", ja darauf, meine Freunde, kommt es beständig mehr in einer Zeit an, die mit entsetzlicher Wahrheit und Klarheit uns das Wort des Herrn verkündigt: „Wer nicht hat, von dem wird auch genommen, was er hat." Wo die christliche Wahrheit noch blos dem Kopfe eingeprägt ist, wird sie nur gar zu schnell von anderen Gedanken aus dem Gehirn verdrängt; wo sie wirklich das Herz nicht blos gerührt, sondern eingenommen hat, da weicht sie so schnell nicht daraus, und kommt das Glaubensprinzip dann auch eine Zeitlang ins Gedränge, so geht es mit unserem inneren Menschen ·wie mit einem Palimpsest, wo über die ursprüngliche Schrift ein anderer

Text hingeschrieben ist, so daß die erste schier unlesbar wird, und doch nach einer Zeitlang wieder hervortritt, wenn eine geübte Hand es bearbeitet. Ja, das sind die rechten Theologen der Zukunft, die ihre Studirstube zugleich zum einsamen Betkämmerlein weihen und die, wenn sie die heiligen Schriften mit dem Auge eines scharfsinnigen Kritikers durchforschen, doch auch die Stunden kennen, wo sie dieselben aufschlagen mit dem Herzen eines Sohnes, der den Rath seines treuen Vaters begehrt, mit dem Auge des Sünders, der seinen eigenen Freibrief lesen will. Meine doch Niemand, daß ein solches christliches Glaubens- prinzip der Tod für wahre und selbstständige Wissenschaft ist; die Natur der Sache lehrt es schon anders, und wollen Sie Beispiele, so berufe ich mich auf das Wort eines ebenso tiefsinnigen als liebenswürdigen Theologen in Deutsch- land, der vor wenigen Wochen entschlafen ist und der auch unter uns nicht unerwähnt bleiben darf; eines Denkers, wie wenige; eines Ketzers, wenn du willst, der besonders in den letzten Jahren nicht ohne viele Ursache in Bezug auf Vieles verdächtigt ist, was auch ich nicht auf meine Rechnung nehme; ich meine den edlen Rothe, der in der Vorrede seiner Ethik erklärte und es nach 22 Jahren bei der erneuten Ausgabe stehen ließ*): „Das Fundament alles meines Denkens, das darf ich ehrlich versichern, ist der einfache Christenglaube, wie er (nicht etwa ein Dogma und irgend eine Theologie) seit achtzehn Jahrhunderten die Welt überwunden hat. Er ist mir das letzte Gewisse, wogegen ich jede angebliche Erkenntniß, die ihm wider- stritte, unbedenklich und mit Freuden bereit bin, in die

---

*) Rothe, Ethik (2. Aufl.), Bd. I, S. XVI.

Schanze zu schlagen. Ich weiß keinen anderen festen
Punkt, in den ich, wie für mein ganzes menschliches
Sein überhaupt, so auch insbesondere für mein Denken
den Anker auswerfen könnte, außer der geschichtlichen Erscheinung, welche der Name Jesus Christus bezeichnet.
Sie ist mir das unantastbare Allerheiligste der Menschheit,
das Höchste, was je in ein menschliches Bewußtsein gekommen ist, und ein Sonnenaufgang in der Geschichte,
von dem aus allein sich Licht verbreitet über den Gesammt-
kreis der Objekte, die in unser Auge fallen." Ehre (bei
aller Reservation!), hohe Ehre dem Andenken an einen
Mann, der so wie ein Kind im Glauben blieb, trotzdem,
was sage ich, gerade weil er auch ein Philosoph war.
Je mehr sich also ein lebendiger Glaube mit gründlicher,
vorurtheilsfreier Wissenschaft paart, einem desto schönern
Auferstehungsmorgen geht die Kirche an der Hand ihrer
geistlichen Führer entgegen!

Jedoch — noch eine Bedingung, die am wenigsten vergessen werden darf. Was nützt es doch, daß wir den
Namen universell-entwickelt, sogar christlich-gläubig verdienen, wenn es sich am Ende nicht zeigt, daß wir prak-
tisch-brauchbare Männer sind? Unsere Zeit, wer weiß es
nicht, ist vorzugsweise praktisch und beurtheilt die Prinzipien nach den Resultaten, die sie für das Leben versprechen. Was ist also der Beruf dessen, der einer solchen
Zeit zu dienen, sie im guten Sinne des Worts zu beherrschen und ein wirklicher Arzt für ihre mannigfachen
Schäden zu sein wünscht? Auch darauf haben Sie sich
selbst schon die Antwort gegeben. Möchten Sie dieselbe
nicht gar zu schnell vergessen! Theologie, das wird immer
noch zu wenig bedacht, ist keine abstrakte, blos theoretische

Wissenschaft, die ihren Zweck allein in sich selbst hat, wie z. B. die Wissenschaft des „reinen Denkens an sich", sondern vielmehr eine positive, eine Institution mit dem sehr bestimmten formalen Zweck, daß der Theologe zum Diener des Evangeliums für die Gemeinde erzogen werde. Es ist nun einmal nicht anders, meine Herren, auch wer hier über den Gottesbegriff am höchsten spekulirt (hüten Sie sich nur, daß Gott selbst nicht für Sie zu einem leeren Begriff sich verflüchtige!), er katechisirt in Kurzem mit einem Bauernknaben darüber, „daß der Allmächtige Himmel und Erde aus nichts geschaffen hat", und wer hier schwindelnd hinabsteigt in die tiefsten Tiefen der Christologie, wird dann einer armen Frau auf ihrem Krankenbette keinen höheren Trost bringen können, als daß Gottes lieber Sohn vom Himmel auf Erden gekommen ist, um auch für ihre Sünden zu sterben. Das zieht Sie, aufrichtig gesagt, jetzt gerade noch nicht so an; es scheint Ihnen mehr ein Kreuz als eine Krone; Sie seufzen im Stillen beim Blick auf den weiten Abstand zwischen dem hohen Fluge der Wissenschaft und der niedern Prosa des Lebens? O bedenken Sie sich zweimal, ehe sie auf die Praxis mit Verachtung niedersehen; gerade da liegt das Bedürfniß und die Hoffnung der Gemeinde; freimüthig füge ich hinzu, gerade da liegt die Rettung für manchen Theologen, der in der Schule des Lebens ein Evangelium verstehen lernt, das er in der Schule der Wissenschaft ebenso wenig ergriff, als begriff. Meine Herren, auch ohne Pessimist zu sein, fühlt Jeder, der etwas weiter als die Gegenwart sieht: wir gehen höchst ernsten, vielleicht schweren und entscheidenden Zeiten entgegen. Unser theologisches Zanken und Haarklauben kann uns vielleicht in Kurzem von Ereignissen auf politischem

und sozialem Gebiet abgelernt werden, die auch die Kirche mit
neuen Erschütterungen bedrohen müssen. Dann wird bei aller
angelernten Wissenschaft in steigendem Maaße persönlicher
Glaube nöthig sein, um selbst stehen zu bleiben und —
andere am Stehen zu halten. Doch wie können wir namentlich das letztere, wenn wir nicht wirklich praktische
Männer werden, und wie soll die Kirche fortdauernd und
zunehmend der Zufluchtsort der kranken und leidenden
Menschheit werden, wenn blos Wissenschaft und Glaube
und nicht vor allem Liebe im Herzen ihrer geistlichen
Führer wohnt? Nicht der wissenschaftlich gebildete Meister,
nicht der vielleicht sehr gläubige Levit, sondern der barm-
herzige Samariter ist es, der schließlich den Unglücklichen
im Gleichnisse rettet. Das Dritte in dieser relativen Ver-
gleichung verstehen Sie . . . Erkenntniß, Glaube, aber vor
allem selbstverleugnende und dienende Liebe, — wer diese
zu vereinigen weiß, der, ja der ist der Mann der Zukunft;
denn die Zukunft gehört ihm und er mit ihr dem Herrn!

Und nun, meine Freunde, ist die Frage, so gut ich's
vermochte, beantwortet mit einer Forderung für den Verstand, einer Forderung für das Gemüth, einer Forderung
für das Leben. Erkenntniß, Glaube und Praxis, auf
diese drei wird's immer mehr ankommen. Und bedarf es
nun noch eines Beweises, daß wirklich auf diesem Wege
eine Zukunft erwartet werden darf, die für Sie wie für die
Kirche in reichem Maaße gesegnet sein wird? Der Grund
dieser Hoffnung jedoch, woher sonst soll ich ihn diesmal
entlehnen, als aus dem großen Ereigniß, zu dessen fest-
licher Erinnerung dieser Herbst uns aufruft? Unsere Zeit
hat vieles, was an die letzten Jahre vor Anfang der
Reformation denken läßt, deren siebentes Jubeljahr jetzt

anbricht. Wie jetzt der Naturalismus und Materialismus
sich laut hören läßt, so hielt, um von andern Thatsachen
zu schweigen, im Jahre 1513 das Lateranische Concil es
ausdrücklich nothwendig, den Glauben an die Unsterblichkeit der Seele im Namen der Kirche wieder einzuschärfen.
Aber das Jahr 1517 kam, und welchen Männern ist
nun der Segen der Reformation zu verdanken? Universell
entwickelten Männern: der Humanismus und das Wieder-
aufleben der alten Literatur hatten den Weg gebahnt, und
wie Melanchthon Luthern zur Seite stand, das ist ebenso
bekannt, als über welche Schätze der Wissenschaft ein Calvin
und Zwingli verfügten; — christlich-gläubigen Männern:
das persönliche Bewußtsein der Rechtfertigung vor Gott
und der Erwählung zur Seligkeit lebte in den Herzen
Luthers und Calvins, ehe sie beide Wahrheiten von den
Dächern verkündigten; — praktisch-brauchbaren Männern
endlich: denn wer waren in höherem Sinne mehr Männer
des Volkes, der Gemeinde, der Praxis, als diese Helden
des Glaubens und der Wissenschaft? Wohlan, man sagt,
und mit Recht, die Kirche bedürfe einer neuen Reformation,
soll sie nicht rettungslos untergehen. Urtheilen Sie selbst,
welcher Geist könnte sie anders behüten, als der sie schon
einmal gerettet hat?

Ich resumire mit der Frage, meine Herren: glauben
Sie an eine Zukunft der Kirche? Glauben Sie wirklich
mit mir, daß dieser Weg, den ich andeutete, der Weg zu
solcher besseren Zukunft ist? Dann ist der Stoff zu meinem
Schlußwort bereit, dessen Form mir schon durch den Anfang gegeben ist. Mit der evangelischen Allianz begann,
mit einer anderen Allianz schließe ich. Aber doch auch
eine evangelische, eine belle, eine triple alliance, wenn

10*

Sie wollen, die zu schließen ich Ihnen zum ersten oder
zum erneuten Male empfehle. Einen Bund von Ihnen
mit einander, um diesen wissenschaftlichen, diesen christlichen,
diesen praktischen Geist bei einander zu wecken, zu nähren,
zu stärken; einen Studentenbund in gewisser Hinsicht, wie
der Jünglingsbund in Deutschland, von dem ich unlängst
hörte, mit der Losung: „Frisch, fromm, fröhlich, frei."
Und was von dieser schönen Losung das schönste war?
Die vier F bildeten in einer gewissen Zusammenstellung
die Kreuzfigur als Symbol, wo man die Quelle der wahren
Frische, Frömmigkeit, Fröhlichkeit und Freiheit sucht. (✝)
Einen Bund zwischen Ihnen und uns, Ihren Lehrern, um
in diesem Geiste mit und für einander zu arbeiten; Gott
weiß es, so lange Er Kraft giebt, wünsche ich nichts lieber
als das. Einen Bund endlich von Schülern und Lehrern
zusammen mit dem Bundesgott, der bis dahin seine Kirche
bewahrt hat und für sie (wer weiß?) vielleicht auch durch
uns auf dem angewiesenen Wege einen neuen Tag will
anbrechen lassen. Wir sahen dem Geiste und den Bedürf=
nissen des Jahrhunderts ins Angesicht; aber der Herr der
Zeiten ist Er, der in Ewigkeit lebt und regiert. Tief
beuge sich unsere Seele vor Ihm!

Reformation und Revolution.

Fünfzig Aphorismen.

Diese fünfzig Aphorismen hat der Verfasser im Juli v. J. geschrieben für die Versammlung von evangelischen Christen, die im August v. J. zu Amsterdam gehalten wurde. Da boten sie an zwei Abenden, in einer meistens von Theologen besuchten Zusammenkunft vorgelesen, den Stoff zur brüderlichen Besprechung. Darnach hat der Verfasser sie im Oktober als eine kleine Festgabe zum Gedenktage der Reformation im Buchhandel erscheinen lassen.

I.

Das breihundertfünfzigste Gedenkjahr der Kirchenreformation des sechszehnten Jahrhunderts ist Zeuge einer
Umwälzung auf dem Gebiete der christlichen Kirche und
der theologischen Wissenschaft, die in beider Geschichte bisher ihres Gleichen nicht hat. Da man diese Umwälzung
von der einen Seite aufs tiefste beklagt, von der andern
Seite ihr unbedingt zujauchzt, so ist es nicht überflüssig,
sie an dem Geiste und den Grundsätzen der Reformation
selbst zu prüfen und dabei den ewig prinzipiellen Unterschied zwischen Reformation und Revolution scharf ins
Auge zu fassen. Verwandelt sich doch auch in dieser Hinsicht noch immer der Satan in einen Engel des Lichts.
(2 Cor. 11, 14.)

––––––

II.

Die Reformation des sechszehnten Jahrhunderts ist in
ihrer Natur und ihrem Wesen weder eine einfache Rückkehr
zum apostolischen Christenthum, noch eine unbeschränkte
Emancipation des individuellen Gewissens, noch ein be-
klagenswerther Abfall von dem christlich-evangelischen Prinzip,

sondern vielmehr eine kräftige Läuterung der Kirche des Herrn gewesen, wegen ihres tief entarteten Zustandes nothwendig, in den Folgen unschätzbar wohlthätig und also auch jetzt noch in ihrem siebenten Jubeljahr nicht als ein Unglück zu beklagen, sondern als eine neue Offenbarung des Herrn der Gemeinde mit dankbarer, wenn auch wehmüthiger Freude zu feiern.

—

III.

Die Reformation, durch den Glaubensmuth Luthers und seiner Mithelfer begonnen, ist noch ebenso wenig auf dem Gebiet der Kirche als auf dem der Theologie vollendet. Ihr wiederkehrendes Jubeljahr darf also gewiß als eine Mahnung zu ihrer Fortsetzung angesehen werden, um so dringender, je ernster diese Zeiten. Nur auf dem Wege einer fortgesetzten Erneuerung kann der evangelische Protestantismus seine erhabene Bestimmung für das Reich Gottes und die Welt erfüllen. Gleichwohl wird man nicht alles „Erneuerung" nennen, wovon dieses Volk sagt: es ist Erneuerung (vgl. Jesaia 8, 12). Vielmehr muß man mitten in der babylonischen Sprachverwirrung des Jahrhunderts mit erhöhter Bedachtsamkeit zusehen, daß man keine Feinde als Freunde begrüße, daß man keinen als Bundesgenossen anrufe, dem man als Widersacher mit allen Kräften widerstehen muß.

—

IV.

Als Fortsetzer des Reformationswerkes müssen Die angesehen werden, welche, unwandelbar festhaltend an den großen Prinzipien, wovon sowohl die deutschen als die schweizerischen Reformatoren ausgegangen sind, diese Prinzipien immer richtiger zu bestimmen suchen, immer kräftiger geltend zu machen, immer vielseitiger anzuwenden auf jedes Lebensgebiet und fortwährend ihr Bekenntniß zu prüfen und zu reinigen durch das Wort Gottes in der heiligen Schrift, der Gemeinde zu helfen trachten, ihre Glaubensüberzeugung immer deutlicher und kräftiger auszusprechen und Gottes große Werke in Christo in Übereinstimmung mit dem Licht und den Bedürfnissen der gegenwärtigen Zeit zu verkündigen.

V.

Als Widersacher des Reformationswerkes müssen Die bezeichnet werden, welche dem formalen und materialen Prinzip der Reformation des sechszehnten Jahrhunderts geradezu widersprechen, in Bezug auf den einigen Heilsweg auf die wesentlichsten Punkte ein unzweifelhaftes Nein gegenüber dem Ja der Reformatoren hören lassen und ein Evangelium verkündigen, worin weder diese, noch die Kirchenväter und Märtyrer der ersten Jahrhunderte, noch die Apostel und Propheten des Neuen Testaments das ihrige erkannt haben würden.

VI.

Jede kräftig fortgesetzte Reformation kann in den Folgen nothwendig zur Revolution von Begriffen und Zuständen führen, und diese letzte wiederum den Weg zu neuer Reformation bahnen, aber ächte Reformation und Revolution, als Prinzipien betrachtet, sind nicht blos dem

Grade, sondern dem Wesen und der Art nach verschieden, und dieser Unterschied darf um so weniger übersehen werden, je leichter der Apostel der einen sich mit dem Prophetenmantel der andern schmückt.

VII.

Nicht immer fällt der Unterschied zwischen dem einen und dem andern Prinzip gleichmäßig schnell und klar in die Augen. Es ist gemäß der Natur der Sache und der Geschichte möglich, mehr oder weniger revolutionär aufzutreten und als Reformator zu endigen, oder umgekehrt denkbar, daß die reformatorische Strömung in eine revolutionäre Bewegung der Geister ausartet. Aus diesem Grunde ist, zumal für die Gemeinde in unseren Tagen, bei der Beurtheilung derer, die in ihrer Mitte oder im Dienst der Wissenschaft arbeiten, große Behutsamkeit nöthig, damit sie nicht voreilig als Lügenlehre abweise, was ihr vielleicht, recht gebraucht, ein Hülfsmittel zu tieferer Einsicht in die geoffenbarte Wahrheit werden könnte, oder im Gegentheil eine Tiefe von christlicher Weisheit und Ideen vermuthe, hinter denen sich vielmehr eine Tiefe des Satans (Offenb. 2, 24) verbirgt. Jedoch ist auch hier die Unterscheidung der Geister auf die Dauer nicht unmöglich, wenn man nur bei der Beurtheilung anderer den einzig wahren Prüfstein anwendet und selbst ein vom heiligen Geiste erleuchtetes Auge hat.

VIII.

Reformation und Revolution — auf beiden Seiten wird verneint und bekannt; aber bei der ersten hat der

Geist, der bekennt, bei der letzten der Geist, der verneint,
das höchste und letzte Wort. Beide wollen bauen, aber
die eine mit Erhaltung und Befestigung, die andere mit
Verwerfung des Fundamentes, das einmal gelegt ist. Beide
wollen Gärtnerei treiben, aber während die eine den Jahrhunderte alten Stamm von Schlingpflanzen und Wasser-
loben reinigt, legt die andere die Axt an die Wurzel.
Beide wollen streiten für Wahrheit und Recht, doch hier
ist das Recht Gottes, dort die Souveränetät des Menschen
in der Regel der Ausgangspunkt; die Reformation kämpft,
so lange sie ihrem Prinzip treu bleibt, blos mit geistlichen
Waffen; die Revolution leicht mit dem fleischlichen Arm,
nöthigenfalls mit dem Schwert oder der Faust. Die eine
hat die Erweckung, die andere den Aufruhr zum Bundesgenossen.

--

IX.

Reformation und Revolution — mit beiden geht eine
Umgestaltung zusammen, doch im ersten Falle hat diese
Umgestaltung einen normal-klassischen Charakter wie die
Entwickelung des Kindes, das zum Standpunkte des Jüng-
linges, des Mannes, des Vaters weiterstrebt; im andern
Falle hat der Übergang eine bunte, nicht selten wild-
romantische Farbe wie in den Mährchen der Kinderwelt,
wo der Bär zu einem Prinzen oder der Prinz wieder zu
einem Bär wird. Die erste kommt in Folge von Evolution, die andere in Folge von Substitution zu Stande.

X.

Reformation und Revolution — auf beide findet der Ausspruch des Herrn: „aus deinen Worten will Ich dich richten" eine überraschende Anwendung. Der Geist der Reformation ist an dem stets tiefer aufgefaßten und lauter wiederholten Bekenntniß von Sünde einerseits und Gnade andererseits zu erkennen. Der Geist der Revolution an der Vorliebe für zwei ganz andere Worte: das Wörtlein Ich und das Wörtlein Nein. Kein Wunder, da letztere behauptet, daß der Mensch, wie unvollkommen immerhin, doch ursprünglich gut ist, so daß die tiefste Ursache des natürlichen und sittlichen Übels in äußeren Zuständen liegt, wogegen erstere die Sünde als persönliche Schuld mit allen Folgen auf sich nimmt, welche aus dieser Er- kenntniß unvermeidlich hervorgehen. Zeitweise auf dem- selben Kampfplatze unter einander gemischt, gehen darum die Vertreter der widerstreitenden Prinzipien nothwendig aus einander, sobald die große Frage: „was ist und woher ist das sittlich Böse?" ausdrücklich zur Sprache gebracht wird. Das letzte Wort auf der Linken kann kein anderes als: „eritis sicut Deus", das letzte auf der Rechten kein geringeres als: „soli Deo gloria" sein.

XI.

Reformation und Revolution — im Ausgang kön- nen beide gesegnet sein; namentlich auf die Revolution ist das Wort eines christlichen Denkers (Franz von Baader) anwendbar: „Wenn Gott etwas Gutes thun will, so läßt er gern den Teufel die Initiative dazu ergreifen." In seinem Streben jedoch ist der Sieg des revolutionären Prinzips ebenso verderblich, als der des reformatorischen heilsam und wohlthätig genannt werden darf. Reformation ist Entwickelung eines zeitweise latenten Lebensprinzips; Revolution ist Entfesselung einer bis dahin gefesselten tödtenden Macht. Hier ist der Sturm, wodurch die Atmosphäre gereinigt, dort der Blitzstrahl, wodurch die Ceder gefällt wird. In der Revolution wird die Macht der Selbstsucht geoffenbart und gestützt, in der Reformation die Frucht der Selbstverleugnung und der dienenden Liebe offenbar. Erstere geht durch zeitweisen Sieg ihrer sicheren Vernichtung, letztere durch schmerzlichen Kampf ihrem endlichen Triumph entgegen.

XII.

Die Reformation, welche Freiheit predigt, aber in einem höheren Prinzip unbedingter Unterwerfung gegründet, ist keineswegs die Mutter der Revolution auf dem Gebiete von Kirche und Wissenschaft, sondern vielmehr ihre unversöhnliche Feindin. Das von Luther vertretene reformatorische Prinzip hat das wilde Feuer von Thomas Münzer und seiner Genossen nicht entflammt, sondern gehemmt und ausgelöscht. Träte Luther nochmals auf, man könnte gewiß sein, er würde keine andere Haltung einnehmen gegenüber allen, die keine Freiheit durch, sondern Freiheit vom Gehorsam des Glaubens an das Wort des Herrn und seiner Apostel fordern.

XIII.

Die Reformation, welche die Revolution zeitweise als Bundesgenossen begrüßt, benachtheiligt nichts so sehr als ihre eigene Sache. Wer ein Freund der ersten sein will, wird als Feind der letzten hingestellt. Fortgesetzte Reformation im Geiste der Apostel und Reformatoren ist gerade das kräftigste Mittel, um den verderblichen Strom der Revolutionsbegriffe in der Kirche und Welt zu hemmen. Letzteres kann indeß die Reformation blos, indem sie die Quellen der Revolution verstopft und selbst die Bedürfnisse erfüllt, welche ihr Mitbewerber offenbaren, aber nicht befriedigen konnte.

XIV.

Jede wahrhaftige Kirchenreformation geht früher oder später mit einer Reformation der Theologie zusammen und auch umgekehrt. Doch ist in der Regel erstere nicht von der letzteren, vielmehr letztere von der ersteren zu erwarten. Ohne Zweifel wird das Leben in nicht geringem Maße durch die Lehre bestimmt, aber schließlich doch die wahre Lehre erst aus dem neuen Leben geboren. Je mehr die Kirche Christi eine ecclesia fidelium *) ist, desto gewisser wird die Theologie den Charakter einer theologia regenitorum et viatorum **) zeigen.

*) Kirche der Gläubigen.
**) Theologie der Wiedergeborenen und Pilgrimme (nach Oben).

XV.

Der Endzweck alles reformatorischen Strebens beides auf dem Gebiete von Lehre und Leben muß sein, nicht daß das Christenthum modernisirt, sondern daß der Zeitgeist christianisirt werde.

XVI.

Durchgreifende Reformation von Kirche und Wissenschaft kommt in der Regel nicht anders als auf dem Wege einer entscheidenden **Krisis** (Trennung) zu Stande, deren Verzögerung und Vermeidung um jeden Preis die Dulderin der noch viel größeren Gefahr einer **Phtisis** (Auszehrung) bloßstellen würden. Jrenisch zu sein ist aus diesem Grunde zwar ein unschätzbares, aber kein unbedingtes, noch weniger das höchste Lob für den evangelischen Theologen. Nicht durch Frieden um jeden Preis, sondern durch Kampf gegen jeden Feind wird der volle Sieg des reformatorischen Prinzips gewonnen.

XVII.

In dem fortdauernden Kampf, den sie um ihres Lebens willen führen muß, darf die evangelische Kirche auch unserer Zeit noch nicht nachlassen, ein wachsames Auge auf ihren Widersacher in Rom zu halten. Schon die merkwürdige Erscheinung, daß Rom noch immer den Unglauben als die natürliche Consequenz des Protestantismus betrachtet und sich oft nachgiebiger gegen die Apostaten als gegen die Apologeten von Christenthum und Refor-

mation zeigt, treibt die letzteren zu erhöhter Vorsicht. So-
lange der Ultramontanismus den Bund mit dem Jesuitis-
mus nicht bricht, immer aufs neue der ganzen modernen
Gesellschaft ins Angesicht schlägt und auch auf die ge-
mäßigtsten Forderungen seiner eigenen Freunde mit einem
unerbittlichen „non possumus" antwortet, ist von jener
Seite kein Friede, sogar kein Waffenstillstand zu erwarten.

XVIII.

Doch ist der ärgste Feind, den der Reformationsgeist
des neunzehnten Jahrhunderts zu bekämpfen hat, keines-
falls jenseits der Alpen zu suchen. Die Stunde kommt
und ist schon jetzt, wo wenigstens auf dem Gebiete der
Wissenschaft und bald auch auf dem der Kirche die Weissagung in Erfüllung geht, welche der größte Apostel des
Unglaubens dieses Jahrhunderts schon vor 25 Jahren
hören ließ*): „Der Gegensatz des Katholicismus und
Protestantismus, so tiefe Wurzeln es auch in der Verschiedenheit der Volkscharaktere und Staatsformen haben
mag, ist auf dem Gebiete der Wissenschaft zur vollständigen
Bedeutungslosigkeit zusammen geschwunden. Auf wissen-
schaftlichem Boden steht heut zu Tage der orthodox-protestan-
tische Theologe dem rechtgläubigen Katholiken ungleich
näher als dem Rationalisten oder gar dem spekulativen
Theologen seiner eigenen Confession. Wo um Autonomie
oder Heteronomie des Geistes gestritten wird, da kann die
Nebenfrage, ob das Prinzip dieser Heteronomie die Kirche

---

*) Strauß, Glaubenslehre I, S. 11.

ober die Schrift sein sollte, nur ein schwaches Interesse erregen." Nicht ausschließlich, aber zunächst im eigenen Schooße hat die evangelische Kirche und Theologie die Feinde zu suchen, die sie in dieser Zeit zu bekämpfen, und ebenso zunächst aus eigenem Schatz die Waffen zu entnehmen, die sie in diesem Kampfe zu führen hat.

XIX.

Die Feinde, welche der Fortsetzung der Reformation von Kirche und Theologie in unserer Zeit am meisten im Wege stehen, sind der moderne Naturalismus einerseits, der antiquirte Orthoboxismus andererseits.

XX.

Der moderne Naturalismus steht nicht blos in seinen Resultaten, sondern auch in seinen Prinzipien in unversöhnlichem Gegensatz mit allem ächt reformatorischen Streben, das in seinem tiefsten Grunde sittlich ist. Wahrhaftige Erneuerung der Gestalt der Kirche und Theologie nach dem Bedürfniß der Zeit ist allein auf dem Boden eines sich stets veredelnben Supranaturalismus zu erwarten.

XXI.

Die anti-supranaturalistische Leugnung eines Gottes, der unbedingter Herr in seiner eigenen Schöpfung ist und seine Heilsoffenbarung an eine sündige Welt mit Wundern begleitet und versiegelt hat, ist weder religiös, noch christlich, noch ächt-proteſtantiſch, ſondern vielmehr eine radikale Verwüſtung des gemeinſamen Grundes, worauf Religion, Chriſtenthum und Proteſtantismus gebaut ſind.

XXII.

Der Indifferentismus hinſichtlich aller Dogmen, welcher für Viele der Hauptartikel ihres mageren Credo geworden iſt, darf nicht als eine natürliche Entwickelung, ſondern nur als eine jämmerliche Entartung des Geiſtes des Proteſtantismus betrachtet werden. Ebenſo iſt es eine jämmerliche Verkennung dieſes Geiſtes, wenn man ſich jeglicher Unterwerfung, auch der feſtbegründeten Autorität, widerſetzt. Die Natur der Sache und die Erfahrung beweiſen einmüthig, daß der Menſch wohl die Autorität, worunter er ſich beugt, verſetzen, aber unmöglich auf die Dauer ſich aller Autorität entſchlagen kann.

XXIII.

Es iſt für keine Reformation, ſondern für Revolution zu halten, wenn, anſtatt den Verlorenen das Evangelium von ihrer Rettung zu predigen, den Unvollkommenen die (relativ) vollkommene Religioſität Jeſu empfohlen wird. Nicht ſeinem allgemein religiöſen, ſondern ſeinem ſpeziell ſoteriologiſchen Charakter hatte und hat das Evangelium vom Kreuz von Anfang an die Überwindung der Welt zu verdanken. Die moderne Theologie, welche an die Stelle Chriſti als Erlöſers den Menſchen Jeſus als Ideal in den Vordergrund ſtellt und Ihn ſelbſt zu einem mo-

bernen Rabbi oder Theologen seiner Zeit macht, führt un-
aufhaltsam zu der Folgerung, daß das Christenthum selbst,
so wie es von der heiligen, allgemeinen, christlichen Kirche
aller Jahrhunderte verstanden und bekannt ist, eine vollständige Antiquität geworden ist.

XXIV.

Die moderne Theologie unserer Tage hat in sittlicher
Hinsicht gerade ebenso viel Recht innerhalb der Grenzen
der evangelischen, als der Deutsch-Katholicismus innerhalb
der römisch-katholischen Kirche, zu bestehen und in ihrer
gegenwärtigen Form sicher auf keine längere Lebensdauer
als dieser ihr Geistesverwandter zu rechnen. Der Unterschied ist nur der, daß die evangelische Kirche in ihrer
gegenwärtigen Übergangsperiode nicht mit diktatorischem
Ansehn aus ihrer Gemeinschaft auszuschließen hat, was
doch von selbst den Samen der Entbindung schon in sich
trägt und aus einer Märtyrerkrone nur ein erhöhtes,
wenn auch kurzwieriges préstige nehmen würde. Patiens,
quia aeterna.*)

XXV.

Auch wenn der heutige Naturalismus durch eine glück-
liche Inconsequenz dem Abgrunde des Materialismus und
Pantheismus entkommt, so ist er an sich selber völlig

----

*) [Die Kirche ist] geduldig, weil [sie] ewig [ist].

ohnmächtig, die tiefsten Bedürfnisse von Herz und Gewissen wirklich und auf die Dauer zu erfüllen. Sobald er ehrlich von einem theologischen und kirchlichen Sprachgebrauch absieht, wozu er auf seinem eigenthümlichen Standpunkte kein Recht hat, tritt seine Armuth unter dem glänzenden Schmuck hervor. Ohne Zweifel ist die fortdauernde Wahl dieses Sprachgebrauchs eine unwillkührliche Huldigung des heftig bekämpften Glaubens. Andererseits jedoch steckt in dem trügerischen Spiel mit Worten, das mancher moderne Theologe sich erlaubt, eine Gefahr für die individuelle und soziale Sittlichkeit, welche nicht ernst genug erwogen werden kann.

XXVI.

Der Versuch so vieler edlen Geister und großer Herzen, gegenüber dem überall zunehmenden Materialismus die Religion durch Preisgeben des übernatürlichen Charakters des Christenthums zu retten, ist im besten Falle eine Illusion, deren Unhaltbarkeit jeder Tag stärker zu Tage treten läßt. Die Geschichte der letzten Jahre zeigt überzeugend, daß mit dem Glauben an die Göttlichkeit des Evangeliums das religiöse Leben vieler auf traurige Weise zurückgegangen ist und daß, wer den Sohn leugnet, auf die Dauer auch den Vater nicht hat. Wer das Historische und Dogmatische des Evangeliums als nutzlosen Ballast über Bord wirft, während er blos das allgemein-Religiöse festhält, der hat das Schifflein der Kirche ohne Zweifel nicht wenig leichter, aber gerade darum auch weniger geeignet gemacht, dem Meere und Sturme zu trotzen. Nicht

die Verleugnung, sondern die Geltendmachung seines übernatürlichen Charakters muß das Christenthum zur Religion
der Menschheit erheben.

XXVII.

Nicht die Menschheit hat das Christenthum, sondern
das Christenthum hat die Menschheit zu dem gemacht, was
sie jetzt auf dem höchsten Standpunkt ihrer Entwickelung
ist. Nicht was rein menschlich ist, darf deswegen schon
christlich heißen, sondern alles, was ächt christlich ist, das
ist zugleich wahrhaft menschlich. Das Christenthum er-
neuert und entwickelt die Menschheit, aber blos weil es
in seinem Ursprung göttlich, in seinem Charakter gott-
menschlich ist. Es kann aus diesem Grunde seine welt-
historische Bestimmung ebenso wenig erreichen, so lange
ein Stifter blos als der große Sohn der Natur betrachtet
wird, in welchem die Menschheit sich selbst erlöset und
anbetet, als so lange es nicht in seiner ganzen Bedeutung
verstanden wird, daß das Wort wahrhaftig Fleisch geworden ist. Das Erste ist ein kolossaler Irrthum, wovon
der Naturalismus nur durch einen Bruch mit seinem
eigenen Lebensprinzip erlöst werden kann; das Andere ist
eine hochherrliche Wahrheit, an deren Erkenntniß und Anwendung auf jedem Gebiete die Orthodoxie noch immer
lernen muß.

XXVIII.

Ebenso wenig als von einem sich selbst widersprechenden und bereits überlebenden Naturalismus ist fortgehende

Reformation der Kirche und Wissenschaft von einem anti-
quirten Orthodoxismus zu erwarten, der sich krampfhaft
an den Formen der Vergangenheit festklammert und mit
Verblendung über den entsetzlichen Ernst des ringsum ent-
brannten Prinzipienkampfes geschlagen, beständig zeigt, daß
er nichts gelernt und nichts vergessen hat. Im Namen
ihrer traditionellen Begriffe haben die Juden ihren Messias
gekreuzigt und würden Ihn auch verhindert haben, sein
Grab in ewiger Freiheit und Schönheit zu verlassen, wenn
die Wahrheit und das Leben nicht mächtiger gewesen
wären, als der offizielle Leichenstein, der beide bedeckte.

—

XXIX.

Heterodoxie ist nicht immer der Ausdruck dessen, was
an sich bestimmt unwahr und geradezu unchristlich ist.
Im Gegentheil, nicht selten sehen wir in heterodoxen
Systemen einen von der entgegengesetzten Seite unbeachteten
Begriff zu seiner kräftigen, wie sehr auch einseitigen Entwickelung kommen. Orthodoxie hingegen ist kein todtes
Capital, das wie ein Erbe der Vergangenheit aus der
einen Hand in die andere übergeht, sondern ein lebendiges
Ideal, dem man erst allmälig nahe kommt, und das man
endlich in dem Maaße besser erreicht, als das Bekenntniß,
worin sie ihren zeitweisen Ausdruck findet, beständig mehr
eine frische Bibeltaufe, und der Untersucher der Schrift eine
frische Geistestaufe erfährt.

XXX.

Der große Fehler der Theologie des Orthodoxismus ist keineswegs der, daß sie zu alt, sondern vielmehr, daß sie nicht alt genug ist, da sie noch keine dreihundertfünfzig, sondern erst zweihundert Jahre und weniger zählt, mit andern Worten mehr den Stempel des wiedergeborenen Scholasticismus des siebenzehnten, als des frischen reformatorischen Geistes des sechszehnten Jahrhunderts trägt. Insoweit der grundsätzliche Conservativismus das Streben hat, Kirche und Theologie auf dem Wege ihrer von Gott gewollten Entwickelung still stehen zu lassen, hindert er seinerseits die Reformation beider und ruft wider seine Absicht durch die Reaktion, die er nothwendig weckt, früher oder später die Revolution hervor.

XXXI.

Dem engherzigen Orthodoxismus kann man unmöglich mit gutem Erfolge Widerstand leisten durch einen gleich hochherzigen Liberalismus, dem gegenüber er vielmehr ein unzweifelhaftes Recht hat, sondern allein durch eine gesunde, milde, geist- und lebensvolle evangelische Orthodoxie, die nichts Menschliches sich fremd hält, das Göttliche auf jedem Gebiete seiner Offenbarung anerkennt und also das Christenthum gerade in derjenigen Form empfiehlt, worin es in der Regel dem meisten Widerstand begegnet. Mit der Losung: „Alt und neu, aber vor allem wahr" in ihrem Schilde muß diese Rechtgläubigkeit auftreten, um die geistlichen Mächte, welche sie bekämpft, durch die Arbeit ungeschwächten Glaubens und in der Gemeinschaft der heiligen Liebe zu überwinden.

XXXII.

Bei der ausgedehnten Arbeit, welche die Wissenschaft des Glaubens sich in stets steigendem Maaße auferlegt sieht, ist ihr die Sympathie und das Vertrauen des christlichen Theils der Gemeinde ein wesentliches Lebensbedürfniß. Desto tiefer ist zu beklagen, obgleich nicht schwer zu begreifen, daß die Entwickelung der Wissenschaft gerade von dieser Seite nur zu oft mit scheelen oder mißtrauischen Augen angesehen wird. Die Orthodoxiescheu und die Wunderscheu vieler Modernen ist eine hartnäckige Krankheitserscheinung, aber auch die Lichtscheu vieler Orthodoxen kann schwerlich als ein erfreuliches Lebenszeichen begrüßt werden. Die Furcht für die Wissenschaft ist nicht die Furcht eines großen, hingegen eines jämmerlichen Kleinglaubens. Doch, das zeigt sich auch hier, es giebt nicht blos einen ungläubigen Rationalismus, sondern auch einen ungläubigen Orthodoxismus. Möge der Herr seine Kirche von beiden gnädig erlösen!

XXXIII.

Der scharfe Gegensatz zwischen Religion und Theologie, welcher nach früherer Verwirrung beider, jetzt von Vielen als die höchste Freiheit empfohlen wird, kann auf die Dauer weder der Religion noch der Theologie wirklich zu

Gute kommen, muß vielmehr in seiner gesetzlichen Consequenz zur Untergrabung der christlichen Kirche und zur
Entweihung der theologischen Wissenschaft führen.

XXXIV.

Unversöhnliche Scheidung zwischen Glauben und Wissen
ist, wie auch die Erfahrung unserer Zeit zeigt, ebenso verderblich als die unaufhörliche Verwirrung beider. Die
Theologie der Zukunft kann keine andere sein, als die auf
der einen Seite beider Unterschied fort und fort erkennt,
auf der andern Seite aber rastlos nach beider Versöhnung
strebt, und die das Evangelium stets mehr für die christliche Gnosis werden zu lassen trachtet, was· es schon für
den innigsten Glauben ist, so sehr sie auch es sich selbst
nicht verhehlt, daß diese Versöhnung hienieden nimmer ab
solut, sondern höchstens approximativ zu Stande kommen
kann.

XXXV.

Die christliche Theologie ist, was zu oft vergessen wird,
der Natur der Sache nach eine progressive Wissenschaft,
die aber zugleich einen reprobuktiven Charakter zeigt.
Wahrhaftiger Fortschritt auf ihrem Gebiete ist undenkbar
ohne beständige Rückkehr zu den unveränderlichen und
immer aufs neue anerkannten und bestätigten Grundlagen
alles religiösen und christlichen Wissens. Inzwischen hat ·
man sich vorzusehen, daß man nicht lebendige Reprobuktion
mit mechanischer Repristination verwirre. Eine wahrhaft

progressive theologische Untersuchung gleicht einer musikalischen Composition, die den Grundton und das Thema nie aus dem Auge verliert, aber den Grundgedanken durch beständig neue Tonverbindungen, selbst durch sie auflösende Mißklänge hin, unaufhörlich seinem höchsten Ausdruck und seiner harmonischen Zusammenfassung näher führt.

XXXVI.

Die Entwickelung der christlichen Theologie wird in dem Maaße glücklicher fortschreiten und gesegneter werden, als sie bei der Untersuchung des Heils und der Lebenslehre mehr direkt von Gott ausgeht, so wie er sich in Christo geoffenbart hat, in welchem alle Schätze der Weisheit und Erkenntniß verborgen sind, mit andern Worten in dem Maaße, als sie einen nicht blos mehr christologischen, sondern christocentrischen Charakter zeigt.

XXXVII.

Nicht wenig wird für die Entwickelung der christlichen Theologie von der Stellung abhängen, die dabei der Lehre von dem Gewissen eingeräumt wird. Verkennung des Rechtes und der Macht des Gewissens kann blos zu todter Rechtgläubigkeit, Überschätzung dieses Rechtes und dieser Macht blos zu modernem Rationalismus in der Form von Conscientialismus führen. Es ist darum höchst wünschenswerth, sowohl daß die innige Verbindung von Wissen und Gewissen auf religiösem und theologischem Gebiete immer besser ins Licht gestellt, als daß die Unmöglichkeit offen anerkannt werde, den historischen Hauptinhalt der Heilsoffenbarung, sei es aus dem Gewissen zu deduciren, sei es für dieses Forum allein genügend zu vindiciren.

XXXVIII.

Die traurige Verblendung, worin so mancher auch beim Besitz vielfacher theologischer Wissenschaft in Bezug auf die große Hauptsache des Evangeliums sich befindet, ist ein ergreifender Beweis für die buchstäbliche Wahrheit des elementaren Unterrichts, den der Herr dem Nikodemus gegeben, daß es ohne Wiedergeburt unmöglich ist, das Reich Gottes auch nur zu sehen (Joh. 3, 4), während das Ärgerniß, welches diese Erklärung noch immer und nicht am wenigsten bei den Lehrern in Israel erregt, ihre Göttlichkeit und Richtigkeit desto mehr verbürgt. In sehr gesundem Sinn kann man behaupten, daß die Theologie des reinen Herzens die Theologie der Zukunft sein wird, nur daß nie vergessen werde, daß auch das gereinigte Herz eine Gabe der Gnade von Oben ist, die selbst an ihrem Theil zum handgreiflichen Beweise für die Wirklichkeit und die Macht des Supranaturalen dient.

XXXIX.

Der geistliche Mensch richtet Alles (1 Cor. 2, 14) und ist deshalb als Theodidakt und Theolog nicht blos befugt und berechtigt, sondern sogar verpflichtet und berufen zu der freien Ausübung der Kritik, beides über den Ursprung und den Inhalt der Heilsoffenbarung. Nur dann beginnt mit dem Unrecht das Elend, wenn die Thürhüterin die Königin entthronen will, mit anderen Worten, wenn die ganze Behandlung der Theologie schließlich in einen dialektischen Criticismus ausartet, welcher bei der Philosophie fragt, was oder was nicht Geschichte sein darf, und immer unter dem Versprechen der Läuterung schließlich seinen eigenen Gegenstand vernichtet. Kein christlicher Theologe kann eine Prüfung seiner Sätze durch die Kritik für bedenklich halten, wenn nur erst eine Kritik der Kritik selbst vorangegangen ist und dann nie vergessen wird, daß die Kritik den Glauben wohl rektifiziren oder vindiziren, aber niemals probuziren kann.

XL.

Mehr als je ist nächst einer wirklich freien, d. h. nicht philosophisch voreingenommenen Kritik eine kräftige Apologetik in unsern Tagen nothwendig. Nicht blos die Wissenschaft, sondern auch die Gemeinde des Herrn bedarf der ausdrücklichen Vertheidigung der Urkunden und Hauptthatsachen der christlichen Heilsoffenbarung gegen den Widerspruch des Unglaubens. Aus diesem Gesichtspunkt betrachtet sind nächst der Predigt und der Katechese bestimmte apologetische Vorträge für geförderte Christen eine unabweisliche Forderung der Zeit. Diese populär-wissenschaftliche Apologie von Religion, Christenthum und Reformation wird ihren schönen Zweck in dem Maaße besser erreichen, je mehr sie den Charakter eines lebendigen Glaubenszeugnisses trägt, welches die Negative des Unglaubens ebenso wenig gering schätzt, als mit gar zu tiefer Ehrerbietung behandelt, und zufrieden damit, wenn sie die Thorheit der Negation und die Vernünftigkeit der Anerkennung des bestrittenen Hauptpunktes deutlich nachgewiesen hat, sodann die eigentliche Aufgabe der Überzeugung selbst den Händen des Stärkeren überträgt, der nach ihr kommt und dessen Schuhriemen aufzulösen sie nicht werth ist.

XLI.

Auch ohne direkte Bekämpfung von Irrthum und Unglaube kann und muß die Predigt des Evangeliums eine kräftige Apologie für die Sache des Christenthums sein und zu fortwährender Reformation der Kirche das Ihrige reichlich beitragen. Soll sie jedoch dazu im Stande sein, dann ist nicht blos Aufrechthaltung und Vermehrung, sondern vor Allem Verbesserung und Vervollkommnung dieser Predigt selbst nöthig. Der Kirche unserer Tage ist ebenso wenig mit Männern gedient, die den immer fruchtlos lehrenden Weiblein gleichen, von welchen Paulus spricht (2 Tim. 3, 7), als mit anderen, die den Glauben der Kirche predigen, ohne daß es in Wahrheit ihr Glaube geworden ist.

XLII.

Es ist für die Erbauung der Gemeinde von überwiegendem Interesse, daß die öffentliche Predigt sich fortwährend an das Wort der heiligen Schrift anschließe, nicht mechanisch, sondern dynamisch, nicht blos recitando, sonbern reproducendo gebraucht. Die Forderung, daß der Prediger an durchaus nichts gebunden sein soll als an den Ausspruch des individuellen Gewissens, beruht auf einer jämmerlichen Verkennung beides, des Wesens des Christenthums und des Wesens der Kirche. Wer die Theologie und die Kanzel quittirt, weil sein Gewissen bezeugt, daß er innerlich mit Christenthum und Kirche gebrochen hat, der steht sittlich unenblich höher, als wer um jeden Preis zu bleiben wünscht und conservativ im Interesse seiner eigenen Stellung die Continuität des Glaubensbewußtseins und das Leben der Kirche auf schändliche Weise zerbricht.

XLIII.

Wie sehr die Predigt des Evangeliums in den Kirchen der Reformation auch dieser Zeit Hauptsache ist und bleiben muß, so ist jedoch eine Läuterung und reichere Ausgestaltung des öffentlichen Gottesdienstes eine Zeitfrage, die nicht ernst genug bedacht werden kann. Soll der ganze Mensch geziemend erbaut werden, so ist auch die Befriedigung des guten Geschmacks und des Schönheitssinnes eine Forderung, die der heutige Protestantismus unenblich öfter wiederholt als wirklich nach Gebühr befriedigt. Inzwischen hat man mit nicht minderer Vorsicht sich zu hüten, daß eine gar zu reichliche Befriedigung dieser Forderung nicht auf dem Wege von Sensualismus und Ritualismus zu dem Irrpfade des Krypto-Katholicismus führe.

XLIV.

Die Reformationskirche, welche ihren Beruf versteht, ist verpflichtet dafür zu sorgen, daß nicht blos der Kirchendienst oder das Predigtamt, sondern auch die Schule erhalten werde (Heidelb. Katechism., Antw. 103), mit anderen Worten, daß das christliche Prinzip beim Unterricht, besonders auch der Volksschulen, möglichst kräftig geltend gemacht und angewandt werde, damit nicht bei dem Kampf der Prinzipien eine scheinbar neutrale Staatsschule eine Sektenschule des Unglaubens werde. Auch auf diesem Gebiete ist die Forderung, daß die Moral von der Religion unabhängig sein soll, ebenso ungereimt als der Wahn, daß die Religion unabhängig von der Theologi oder diese unabhängig von der heiligen Schrift bleiben solle. Das ächt-reformatorische Streben bleibt des Wortes des Herrn eingedenk: „was Gott zusammengefügt hat, das soll der Mensch nicht scheiden"; das revolutionäre hingegen hat das „divide et impera"*) zu seiner Losung erkoren.

XLV.

Wo die Gemeinde sich also durch geistliche Mittel in geistlicher Hinsicht entwickelt, da wird sie reif, um auch in ihrer Organisation dem Ideal von Christenthum und Reformation näher zu kommen und allmälig Volkskirche zu werden: eine Vereinigung von Mündigen und Priestern,

---

*) Theile und herrsche.

die selbst im Stande ist, unterscheiden und wählen zu
können, wem sie ihre höchsten Interessen anvertrauen will.
Jedoch kann die Geltendmachung auch eines unbestreitbaren
Rechtsprinzips auf diesem Gebiet ihr unmöglich zum Segen
gebeihen, so lange die sittliche Bedingung der Anwendung
d. h. so lange das wahre Leben und die geistliche Einheit
fehlt. Es bleibt ein hoffnungsloses Streben, auch durch
die vortrefflichste Organisation eine grenzenlose Verwirrung
und wachsenden Zwiespalt in Lehre und Leben zu ver-
decken oder zu hemmen. — Als ein nicht geringeres
Wagniß ist es zu bezeichnen, eine vollständige Emancipation
der Kirche vom Staate zu begehren, so lange die Kirche
sich in einem Zustande befindet, worin sie nicht für sich
selbst zu bestehen vermag, während vielleicht der sittliche
Einfluß des Staates, durch gesetzliche Grenzen bestimmt,
sie vor vollständiger Desorganisation und Decomposition
behütet.

XLVI.

Wie kräftig auf allen diesen Wegen auch zum Kampfe
gerüstet, kann die evangelische Kirche schwerlich darauf
hoffen, je ein viertes Jubiläum der Reformation zu feiern,
es sei denn, daß sie sich in stets steigendem Maaße als
eine Macht im Leben zeige. Keine Wissenschaft allein kann
in ihrer Mitte die falsche Wissenschaft hemmen, sondern
Wissenschaft mit Leben gepaart. Abgemattet von langen
Diskussionen steht der Zeitgeist zu der streitenden Kirche
ungefähr in der Haltung des Theaterbirektors im Vorspiel
von Göthe's Faust zum Dichter, wenn er diesen ermahnt:

„Der Worte sind genug gewechselt, laß mich auch endlich Thaten sehn.“ Dann allein, aber dann auch gewiß, wird das apostolische Christenthum gegen den modernen Humanismus Stand halten können, wenn es sich zeigt, daß der Christ Alles hat, was auch der Humanist Edles und Liebenswürdiges besitzt, und überdies noch etwas vor ihm voraus, was Fleisch und Blut nicht offenbaren kann. Auch aus diesem Grunde kann die Arbeit des ungeschwächten Glaubens mit erwünschtem Erfolge nur in der Gemeinschaft der heiligen Liebe vollbracht werden.

XLVII.

Die Krisis, worin gegenwärtig die Kirche und die Theologie sich befindet, bereitet nothwendig neue Scheidungen, aber auch neue Verbindungen vor. Schon sind innerhalb derselben Kirchengemeinschaft die Bekenner des Evangeliums, die an dem Übernatürlichen auf dem Gebiete von Religion und Christenthum festhalten, innerlich von Mitgliedern geschieden, welche die Religion blos als eine interessante Erscheinung im menschlichen Seelenleben, und das Christenthum als eine natürliche Frucht des Baumes der Menschheit betrachten. Dagegen ist es nicht mehr als natürlich, daß in den verschiedenen Kirchengemeinschaften alle immer mehr sich einander nähern, die zusammen an dem Glauben an einen persönlichen, freiwirkenden Gott und eine besondere Heilsoffenbarung in Christo festhalten, deren aufrichtige Annahme zur Rettung der Seelen sie für unbedingt nothwendig halten. Ob dabei die äußeren

Scheidemauern einer früheren Zeitperiode noch vorerst stehen bleiben, das ist eine Frage von ziemlich untergeordneter, größtentheils administrativer und finanzieller Bedeutung.

XLVIII.

Wahrhaftige Union kann nicht gemacht werden durch diplomatische Beseitigung von wichtig gehaltenen confessionellen Unterscheidungspunkten. Sie wird geboren durch brüderliche Besprechung und beständig tiefere Auffassung der betreffenden brennenden Fragen, in Folge dessen, wie hinterdrein die Verschiedenheit, die verborgene Einheit stufenweise zum Vorschein kommt. Das wird in dem Maaße geschehen, als jede confessionelle Streitfrage nicht von abstrakt-juristischem, sondern von einem lebendigen christlich-pneumatischen Standpunkt besprochen wird. So lange inzwischen die äußere Einheit noch, unbeschadet der Wahrheit und Freiheit, nicht ganz verwirklicht werden kann, muß sie nicht auf dem Wege der Fusion, noch weniger der Annexation, sondern der Conföderation befördert werden.

XLIX.

Je mehr also die Einheit der Gläubigen offenbar wird, desto mehr muß nothwendiger Weise ihr Kampf gegen die Welt sich steigern. Schon kündigen entsetzliche Vorzeichen einen Abfall und eine Offenbarung des Ge-

heimnisses der Ungerechtigkeit an, die es der Gemeinde unmöglich machen werden, anders als ihr verherrlichtes
Haupt, durch Leiden zur Herrlichkeit einzugehn. Vieler
Verlangen nach eminenten, gesalbten Persönlichkeiten, die
in der zunehmenden Verwickelung von Gedanken und Zuständen das wahre Wort der Zeit auf dem Gebiete von
Kirche und Wissenschaft sprechen können, ist bei diesem
Streit der Dinge zu entschuldigen, auch wenn es auf
einem Irrwege Befriedigung sucht, wofern es nur nicht
mit undankbarer Verkennung dessen Hand in Hand geht,
was der Herr bereits wirklich seiner Gemeinde geschenkt
hat. In seinem tiefsten Grunde ist auch dieses Verlangen nur eine kranke Form für das Verlangen nach
der Zukunft des Herrn. Und ohne einen solchen apoka-
lyptischen Grundzug des geistlichen Lebens ist am wenigsten
in unsern Tagen eine sei es aufbauende oder reformatorische Wirksamkeit denkbar.

L.

Indeß hat auch die apokalyptische Erwartung zu wachen,
daß sie keine sanguinisch-optimistische, sinnlich-chiliastische
werde. Schwerlich kommt der Morgen eines schöneren
Tages, bevor der Abend noch tiefer gesunken ist. Keine
Arbeit des Glaubens, keine Gemeinschaft der Liebe kann
die Welt und die Kirche ganz von den drohenden Ge-
richten Gottes retten. Wir kämpfen für Reformation,
und suchen die Revolution auf ihren sündigen Wegen zu
hemmen, aber der Herr der Kirche bereitet eine Revolution
in großem Maaßstabe vor, die den Weg zur letzten und

herrlichsten Reformation bahnen wird. Doch können wir, so lange seine Stunde nicht gekommen, nicht anders als gläubig und gemeinschaftlich kämpfen für das Pfand, das uns anvertraut ist. Es ist uns blos auferlegt, dem Feinde zu stehen und zu widerstehen; überwunden wird er nicht — vor dem Ende. Maran-atha! Er kommt, der da spricht: „Siehe, Ich mache alle Dinge neu."